ESSAIS HISTORIQUES

SUR

LA VILLE D'ÉTAMPES.

Imprimerie de E.-J. BAILLY, place Sorbonne, 2.

ESSAIS HISTORIQUES

SUR

LA VILLE D'ÉTAMPES

(SEINE-ET-OISE),

Avec des Notes, des Pièces Justificatives,
et une statistique historique des villes, bourgs et châteaux
de l'Arrondissement.

PAR **MAXIME DE MONT-ROND**,

ANCIEN ÉLÈVE DE L'ÉCOLE ROYALE DES CHARTES,
ARCHIVISTE PALÉOGRAPHE.

TOME II.

ÉTAMPES,

FORTIN, LIBRAIRE, CARREFOUR DORÉ, 1.

PARIS,

DEBÉCOURT, RUE DES SAINTS-PÈRES, 69.

1837.

ESSAIS HISTORIQUES

LA VILLE D'ÉTAMPES.

Chapitre treizième.

Suite des Comtes d'Étampes. — Charles d'Évreux , Louis II , etc. — Étampes sous la domination de la maison de Bourgogne. — Ligue des Armagnacs. — Siége d'Étampes par les Bourguignons.

Nous avons essayé , dans la première partie de cet ouvrage , de répandre d'abord quelque jour sur l'origine et la fondation de la ville d'Etampes. Parcourant ensuite les divers siècles de notre monarchie , nous y avons cherché les traces de l'accroissement de cette cité , l'époque de la construction de ses principaux monumens ; et nous avons relaté enfin tous les faits historiques dignes d'intérêt , dont son enceinte a été le théâtre. Une nouvelle carrière s'ouvre à nos regards. Etampes agrandie, fortifiée , et passée du domaine de la couronne entre les mains de princes issus du sang royal , va nous apparaître sous des faces diverses. Sous le gouvernement de ses nouveaux seigneurs , d'autres destinées se préparent pour elle. Si durant plusieurs siècles on l'a vue calme , paisible , jouissant sans trouble des trésors de sa fraîche vallée , auxquels venaient se joindre par intervalles les immunités de quelques uns de nos rois , d'autres tableaux frapperont nos yeux , quand nous étudierons la suite de son histoire. Le récit de siéges sanglans , de funestes combats , se présentera plus d'une fois sous notre plume. Etampes devra à son heureuse position le triste privilége d'être fréquemment le point d'attaque et l'objet de l'ambition de partis rivaux ; et ses habitans auront ainsi souvent à gémir sous le poids des discordes civiles qui désolèrent la France , dans les siècles que nous allons maintenant traverser.

Charles d'Evreux , petit-fils du roi Philippe-le-Hardi , avait succédé à son père , le prince Louis , dans la possession de la seigneurie d'Etampes (1319). On a déjà vu ailleurs que cette seigneurie fut vers cette époque érigée en comté par des lettres patentes de Philippe-le-Bel (1) (1327). Le nom de Charles d'Evreux doit donc figurer le premier sur la liste de ces princes qui , sous le titre de comtes , exercèrent tour à tour leur juridiction sur la ville d'Etampes et sur son territoire.

L'histoire ne nous a légué que de bien faibles souvenirs

(1) Tome I , chap. XII , page 180.

de la domination de ces nouveaux seigneurs dans ces contrées. Possesseurs en même temps de la châtellenie de Dourdan, ils avaient établi dans cette ville leur résidence habituelle, et se plaisaient à la doter de leurs faveurs (1). Etampes, en quelque sorte, veuve et délaissée, n'avait que de loin en loin une part dans leurs bienfaits. Si donc nous trouvons à de rares intervalles le nom de ces princes issus du sang royal, mêlé à celui de la ville dont ils étaient suzerains, ce n'est guère que dans quelques titres ou chartes de donations dont ils enrichirent l'église Notre-Dame ou l'abbaye de Morigny.

Charles d'Evreux avait épousé Marie d'Espagne, fille du roi Ferdinand. Il périt dans une bataille livrée entre le duc de Bourgogne et Jean de Châlons, et laissa son héritage entre les mains de ses deux fils, Louis et Jean. Le second de ces princes fut au nombre des seigneurs français envoyés en Angleterre comme ôtages pour le roi Jean, après le traité de Brétigny. Quelques années après il se rendit à Rome, où il termina ses jours. Quant au prince Louis, il succéda à son père dans ses domaines d'Etampes, Dourdan, et autres châtellenies (1336).

Louis d'Evreux, deuxième du nom, comte d'Etampes et de Gien, seigneur de Lunel, en Languedoc, fut un prince vaillant et généreux, dont le nom brille avec honneur dans les annales générales de la France. On le trouve dans les rangs de ces preux chevaliers, toujours

____

(1) Lescornay, Mémoires de la ville de Dourdan.

braves et fidèles, qui, sous les yeux de Philippe de Valois, leur souverain, s'efforcèrent de résister aux Anglais,
dont les armées ennemies, s'avançant comme un torrent rapide, menaçaient d'envahir tout le royaume. Le
comte Louis, en convoquant l'arrière-ban de ses guerriers, n'avait point oublié sans doute d'appeler près de
lui ses hommes d'armes de la vallée d'Etampes ; et maint
habitant de cette contrée marchant à la suite de son suzerain, se vit ainsi associé aux succès et aux revers qui
signalèrent tour-à-tour le règne du premier des Valois.
Sous le règne suivant, le comte Louis figure au nombre
des seigneurs que le roi Jean arma chevaliers à Reims,
afin de rendre plus magnifique la cérémonie de son sacre.
Puis, quand arriva le jour funeste de la bataille de Poitiers (19 septembre 1356), l'histoire nous le montre
encore présent à ce combat. Fait prisonnier avec le roi
Jean, il eut part aux honneurs que le prince de Galles,
généreux vainqueur, se plut à rendre à son noble captif,
et on le vit prendre place le soir de ce même jour à la
table de ce prince avec le monarque vaincu.

Ainsi, c'est toujours sur le théâtre de la guerre, ou à
la suite de son roi, que nous retrouvons le noble prince
auquel appartenait alors la châtellenie d'Etampes. Les
archives de l'église Notre-Dame, de cette ville, rappellent aussi le nom du comte Louis II, qu'elle range à bon
droit parmi ses bienfaiteurs. Prenant en pitié l'état pré-
caire de cette collégiale, que les guerres précédentes
aux environs de la capitale avaient fait déchoir de son
ancienne splendeur, il l'avait en effet dotée de biens et
de revenus considérables : et, grâce à ses largesses, le

pieux édifice du roi Robert avait recouvré son premier éclat (1).

Louis II d'Evreux, se voyant sans postérité, fit donation entre-vifs du comté d'Etampes et des seigneuries de Gien, Dourdan, et d'Aubigny-sur-Nierre, à Louis, duc d'Anjou, second fils du roi Jean, se réservant sa vie durant la jouissance de ces domaines, et le douaire de sa femme (9 novembre 1381). Cette donation avait pour motif la proximité du sang, et les liens d'une étroite amitié qui unissait ces deux princes depuis leur enfance. Mais le duc d'Anjou ne jouit point long-temps de la libéralité de son généreux ami. Il mourut lui-même avant son donateur (21 septembre 1384), et ses enfans transportèrent à leur oncle Jean, duc de Berri, le comté d'Etampes et les autres seigneuries de Louis d'Evreux. Ce prince reçut de leurs mains ces divers domaines, pour remplacer la principauté de Tarente, que le duc d'Anjou lui avait accordée, afin de le mettre dans ses intérêts. Par des lettres patentes du mois d'août 1384, le roi Charles VI ratifia ce transport.

Louis, comte d'Etampes, mourut fort avancé en âge. Un jour, disent les historiens, étant à dîner à l'hôtel de Nesle, chez le duc de Berri, il laissa tomber sa tête sur l'un de ses bras, qu'il avait ployé sur la table. Le duc s'en aperçut, et dit en riant : *le beau cousin s'endort, il faut le réveiller*. Mais on reconnut bientôt que ce

(1) Voyez aux archives de Notre-Dame et à celles de l'Hôtel-de-Ville d'Étampes, plusieurs chartes du comte Louis II, relatives à ces donations.

sommeil était celui de la mort (6 mai 1400). Le corps de ce prince fut inhumé à Saint-Denis, où celui de Jeanne, sa femme, morte à Sens quelques années auparavant, fut amené pour être réuni avec lui dans un même tombeau.

Jean de France, duc de Berri et d'Auvergne, l'un des fils du roi Jean, fut le troisième comte d'Etampes (1384), en vertu de la cession faite par le duc d'Anjou.

Dès l'année 1387, se voyant sans postérité masculine, ce prince fit don de son comté à son frère Philippe-le-*Hardi*, duc de Bourgogne, s'en réservant néanmoins la jouissance pendant sa vie. Mais Philippe étant mort en 1404, avant le duc de Berri, la propriété du comté d'Etampes passa à son fils aîné, Jean de Bourgogne, dit Jean-*sans-Peur*, qui ne devait également en prendre possession qu'après le duc de Berri. On verra bientôt comment il s'en saisit, les armes à la main, avant le terme fixé pour la donation.

Mais avant de décrire le siége d'Etampes, entrepris par un prince de la maison de Bourgogne, jetons un coup d'œil rapide sur cette nouvelle puissance, qui grandissait fièrement, rivale de celle des monarques, et dont l'ambition fit de la France, à cette époque, un triste champ de discordes civiles, de meurtres, et de guerres sanglantes.

Jean-le-Bon, roi de France, devenu possesseur de l'ancien duché de Bourgogne, en avait fait don à Philippe, duc de Touraine, son quatrième fils, que sa bravoure chevaleresque à la bataille de Poitiers avait fait surnommer *le Hardi*. Avec lui commença le second duché de Bourgogne, soumis dès lors à des princes de la maison de Valois. Philippe-le-Hardi, Jean-sans-Peur, Philippe-le-Bon, furent les premiers souverains de cette nouvelle dynastie, qui a joué un rôle si important dans nos annales. « Les conquêtes et les alliances des ducs de « Bourgogne de cette seconde race, rendirent leur mai- « son l'une des plus puissantes de l'Europe, en sorte « qu'il y avait peu de souverains qui les égalassent en « pouvoir, et tous leur étaient inférieurs en magnifi- « cence (1). »

Or, parmi les vastes et nombreux domaines de ces puissans suzerains, vient se ranger humblement le comté d'Etampes. Ils en avaient reçu la propriété, comme on l'a vu plus haut, des mains de Jean, duc de Berri (1387). Mais un événement inattendu vint changer brusquement le cours de ces dispositions, et rendit le duc autant ennemi de la maison de Bourgogne, qu'il s'était montré d'abord envers elle plein de bienveillance et de générosité.

C'était durant l'année 1407, au temps des grandes discordes entre Jean-sans-Peur, duc de Bourgogne, et le duc d'Orléans, qui se disputaient le pouvoir et le gouvernement de la France, pendant la fatale démence du roi Charles VI. Ces querelles devenaient chaque jour plus menaçantes : vainement le duc de Berri, la reine, le duc de Bourbon, le roi de Sicile, s'entremettaient-ils

____

(1) Don Plancher, *Histoire de Bourgogne*.

sans cesse pour réconcilier les deux princes. C'étaient toujours de nouvelles promesses d'amitié suivies de nouveaux différends. Enfin on les crut revenus à de meilleurs sentimens : une réconciliation solennelle avait eu lieu à Paris, et personne ne semblait douter de la sincérité de leurs sermens.

Mais ce n'étaient de la part de Jean-sans-Peur que des paroles feintes, sous lesquelles se cachait un coupable dessein. Trois jours après, la nouvelle d'un crime affreux vient épouvanter Paris. On apprend tout-à-coup que l'infortuné duc d'Orléans a été assassiné dans une rue de la capitale (1), par des meurtriers aux ordres du duc de Bourgogne (1407). Or, tandis que sa veuve suppliante poursuivait à la cour et auprès des princes ses oncles, la vengeance de la mort de son époux, Jean-sans-Peur, loin de renier son crime ou d'implorer son pardon, marchait fièrement tête levée, et semblait demander pour son forfait des récompenses au lieu d'un châtiment. Le duc de Berri, justement irrité d'un tel excès d'audace, n'avait point tardé à se déclarer son ennemi. Après avoir révoqué la donation du comté d'Etampes qu'il avait faite en sa faveur, il se montra l'allié du jeune duc d'Orléans. Cet orphelin, à peine âgé de quinze ans, ne pouvant obtenir contre le meurtrier de son père la justice qu'il désirait, avait pris les armes contre lui. Cependant, les princes s'effrayèrent de l'ascendant et du crédit merveilleux qu'obtenait de plus en plus chaque jour le duc de Bourgogne ; ils l'avaient vu revenir à Paris vainqueur des Liégeois à la

_____

(1) La rue Barbette.

bataille de Hasbain, et le surnom de *Jean-sans-Peur*, que sa bravoure lui mérita dans cette journée, avait accru son audace et sa puissance. Ils avisèrent donc aux moyens de renverser le pouvoir de ce rival ambitieux. Une alliance fut conclue entre eux à Méhun-sur-Sèvres, en Berri : on s'y donna un prochain rendez-vous à Gien. Là s'assemblèrent avec les princes d'Orléans, les comtes de Clermont et d'Alençon, le connétable d'Albret, les ducs de Berri et de Bourbon, le comte d'Armagnac, et le duc de Bretagne. Un traité fut signé entre eux. Bernard, comte d'Armagnac, guerrier plein de courage, d'action et d'habileté, qui venait d'unir sa fille au jeune duc d'Orléans, fut regardé comme le principal chef de ce parti (1410).

Telle fut l'origine de cette fameuse ligue des *Armagnacs*, dont les querelles avec celle des Bourguignons, remplirent plusieurs provinces de la France d'effroi, de sang et de larmes.

Cependant le duc de Bourgogne, à la nouvelle de l'alliance formée contre lui, avait rassemblé à la hâte les hommes d'armes de son duché. Fort de l'appui du roi dont il avait su gagner la faveur, il s'efforça par de vaines paroles et d'inutiles négociations, de dissiper la ligue de ses ennemis. Ne pouvant réussir par cette voie, il se disposa à lui opposer une forte résistance.

Cette digression pourra paraître étrangère à l'histoire de la ville d'Etampes ; elle s'y rattache néanmoins par plusieurs liens. Lorsque deux armées ennemies vont se rencontrer sous ses murs, il importe de connaître de quels élémens elles furent formées, et de pouvoir apprécier dignement les causes de leur querelle.

Pour faire faire au jeune dauphin, duc de Guienne, et depuis Charles VII, ses premières armes, le duc de Bourgogne, alors puissant à la cour, résolut de le mener avec les Parisiens et les Anglais accourus sous ses drapeaux, assiéger Etampes (1411) (1). Cette ville appartenait alors au duc de Berri, de la ligue des Armagnacs. Ce prince avait permis au jeune duc d'Orléans d'y mettre en garnison des troupes de son parti. De là elles se portaient dans les pays environnans, qu'elles désolaient par leur indiscipline et leur licence effrénée. Les plaintes des habitans des bourgs et des campagnes que ruinaient leurs exactions, devenant chaque jour plus vives, les gens de guerre du parti bourguignon entreprirent de détruire le foyer de tant de ravages. Le 23 novembre, on vit le dauphin, accompagné du duc de Bourgogne, des comtes de Nevers, de la Marche, de Penthièvre et de Vaudemont, du maréchal de Boucicaut, et d'un grand nombre d'autres seigneurs et preux chevaliers qu'environnaient leurs hommes d'armes, sortir de Paris et s'acheminer vers Etampes (1411). Cette armée imposante s'étant un peu détournée de sa route, arriva à Corbeil, où elle séjourna quelques jours attendant son artillerie. Puis, munie de toute sorte de machines de guerre, elle reprit sa marche. Sur son passage, elle s'empara du castel de la Bretonnière, voisin de la ville de Châtre (Arpajon), et quelques jours après elle apparut nombreuse et formidable, sous les remparts de la ville d'Etampes.

(1) Monstrelet; Juvenal des Ursins, l'anonyme de S. Denis.

Un guerrier déjà éprouvé dans maint combat commandait alors cette place : c'était un chevalier d'Auvergne, le sire Louis de Bosredon (1), serviteur du duc de Berri, et fort estimé de ce prince.

A la première sommation, les habitans sur-le-champ et sans coup férir ouvrirent les portes, et vinrent offrir les clefs au dauphin, en protestant de leur fidélité : ils le supplièrent en même temps d'empêcher le pillage de la ville, et de garantir leurs personnes d'insultes et d'outrages. « Mais, rapporte un vieil historien, on ne put « retenir l'humeur brigante de quelques soldats, qui, « nonobstant l'honorable réception de ce prince, firent « beaucoup de désordres et sé gorgèrent de butin » (2).

Quant au commandant Louis de Bosredon, on le vit montrer moins de crainte et déployer plus de fermeté. Abandonné par la plus grande partie des habitans, il se retira avec ses gens de guerre dans le château bâti sur le roc, et que son heureuse position, jointe à l'épaisseur de ses murailles, semblait rendre inexpugnable. Là, il se fortifia de son mieux, et se mit en devoir de résister vivement aux attaques des ennemis. Sommé plusieurs fois de se rendre, il refusa constamment. Le preux chevalier avait juré au duc de Berri de défendre vaillamment cette forteresse contre toute sorte d'assaillans ; et la présence du dauphin, que ses regards plongeant du haut des remparts pouvaient découvrir au pied des murs, ne

(1) Quelques monumens historiques le nomment *Bourdon*, ou *Boisbourdon*.

(2) Le Laboureur, Histoire de Charles VI, t. II.

lui semblait point un motif d'oublier le serment qu'il avait prêté à son maître. Il fit donc plusieurs sorties, à la suite desquelles il rentrait dans l'enceinte du castel, emmenant toujours avec lui quelques prisonniers. Le sire de Roucy, chevalier picard, fut au nombre de ceux qui tombèrent entre ses mains (1).

Cependant l'armée bourguignonne voyant ses premiers efforts inutiles, se disposa à une attaque plus violente. Les soldats, un instant découragés, reprirent avec une vigueur nouvelle le siége du château. Des blocs de pierres énormes étaient sans cesse lancés contre la forteresse. On parvint ainsi à forcer les entrées, d'où les Bourguignons mirent le feu aux maisons voisines des murailles. « *Finalement,* dit la chronique, *l'une des tours estant* « *à un coin du château, fut tellement minée, qu'elle* « *cheut. Quand ceux de dedans virent que bonnement* « *ne se pouvoient plus tenir, ils se rendirent au roi,* « *sauves leurs vies, et eurent très bonne composi-* « *tion* » (2).

Le sire de Bosredon, abandonnant la partie du castel qu'il ne pouvait plus défendre, se retira alors dans une tour si haute et si solide, qu'elle bravait tous les efforts des assaillans (3). Il encouragea ses hommes d'armes à

---

(1) *Bourdon souvent sailloit et faisoit de grands dommages à ceux du siège, et prit le seigneur de Roucy et plusieurs autres.* (Jean Juvénal des Ursins, Hist. de Charles VI.)

(2) Juvénal des Ursins, Hist. de Charles VI.

(3) Il est à croire que c'est la tour de *Guinette,* qui subsiste encore aujourd'hui, et qui a seule bravé les efforts des hommes et du temps.

combattre plus vaillamment que jamais , et il les vit en effet durant plusieurs jours, fidèles à sa voix, provoquer leurs ennemis avec une audace et une bravoure sans égales. Les dames et damoiselles qui s'étaient retirées avec le brave commandant dans cette formidable tour, semblaient partager la confiance et la valeur des soldats. On rapporte que, loin de se cacher, elles se montraient fièrement sur le haut des remparts. Là , tendant leurs tabliers, comme pour recevoir les pierres que lançaient les machines, et qui ne pouvaient atteindre jusqu'à la hauteur de la muraille , elles jetaient des regards ironiques sur les assaillans , et raillaient ainsi en se jouant leurs inutiles efforts (1).

Le duc de Guyenne et l'armée des Bourguignons désespérèrent alors de se rendre maîtres du château. Dans cette extrémité , les princes et seigneurs tinrent un conseil, et il y fut proposé de faire sans plus tarder la levée du siége. Cet avis ne trouvant point de contradicteurs, on se disposait à renoncer à l'entreprise , quand tout-à-coup un notable bourgeois de Paris, nommé André Roussel, se leva et remontra par plusieurs raisons , dit un historien , qu'agir ainsi , « *c'était faire injure , et* « *ternir d'un reproche éternel la première milice et le* « *premier exploit du fils de France* » (2). Il offrit ensuite de forcer lui-même la place qu'on voulait abandonner, pourvu qu'on lui promît aide et secours, et une récompense pour les compagnons qui l'assisteraient dans

(1) Le Laboureur, Histoire de Charles VI, tome II.
(2) *Ibid.*

son noble dessein. Son offre étant acceptée , on le vit aussitôt mettre la main à l'œuvre. Il fit charrier avec grande peine de grosses poutres de chêne, et les appuyant inclinées contre le mur , il construisit ainsi au pied de la tour une espèce de réduit qui résistait aux pierres lancées du haut des remparts. A l'abri de toute attaque sous ce toit protecteur , trente ouvriers armés de pics et de hoyaux travaillèrent librement à démolir la muraille. Son épaisseur était de dix pieds. Après cinq jours de continuels travaux, elle fut percée, et la brèche devint praticable.

Cependant André Roussel ne cessait de crier au commandant qu'il eût à remettre le donjon au dauphin , s'il ne voulait être étouffé par la fumée. L'intrépide assaillant, après avoir fait creuser sous la muraille, qu'il soutenait avec des pans de bois, se disposait en effet à y mettre le feu, et la tour se serait écroulée. Le sire de Bosredon , voyant la mort inévitable pour lui et pour les siens, résolut enfin de se rendre. Le 15 décembre , la garnison mit donc bas les armes. Un guerrier, revêtu d'un habit magnifique de velours cramoisi, tout brillant d'or et de pierreries , descendit du donjon , et pénétrant dans la tente du dauphin , il vint embrasser ses genoux. C'était le brave commandant du château d'Étampes. Le jeune prince, touché de sa valeur, lui fit grâce de la vie. Mais il ordonna qu'il fût emmené prisonnier à Paris, avec Jean d'Amboise et quelques autres chevaliers, afin que leur arrivée donnât aux Parisiens une nouvelle certaine de sa victoire. Le dauphin envoya avec eux dans la capitale trente soldats de la garnison , que l'on fit promener dans les rues, les mains garrotées et liées derrière le dos. Quant aux autres, le vainqueur, dit l'historien, refusa de leur faire quartier (1). Ainsi, au lieu de rehausser par la clémence l'éclat de son noble fait d'armes, il souilla par une vengeance inutile la gloire de son triomphe.

Après cette expédition l'armée du dauphin alla mettre le siége devant Dourdan, dont elle se rendit maître. Mais laissons-la poursuivre le cours de ses victoires, et en terminant ce récit, portons encore un instant nos regards sur le sire de Bosredon. Ce preux chevalier qui vient de défendre avec tant de bravoure le château d'Étampes, a dû inspirer un juste intérêt, et l'on doit désirer de connaître la suite de sa destinée. Pourquoi faut-il qu'une tragique histoire en soit le triste dénouement ? Louis de Bosredon fait prisonnier, fut envoyé en Flandre. Mais il parvint bientôt à obtenir sa liberté, et on le retrouve deux ans après, combattant de nouveau avec vaillance, à la porte Saint-Martin à Paris, qu'il était chargé de défendre contre le duc de Bourgogne (1413); son dévoûement sans bornes au duc de Berri, son maître, était le mobile de sa valeur.

Mais, après la mort de ce prince, Louis de Bosredon, changeant de bannière, était devenu l'un des seigneurs les plus assidus à la cour de la reine Isabelle de Bavière. Cette princesse, dont l'histoire a justement flétri la mémoire criminelle, s'était entourée de divers personnages, avec lesquels elle tramait de perfides complots. Quelques uns l'accusaient même d'alliance avec les Anglais. Trahis-

____

(1) Le Laboureur, Hist. de Charles VI, tome II.

sant ainsi ses devoirs de reine, Isabelle semblait encore avoir mis en oubli tous ceux d'épouse et de mère : elle menait au château de Vincennes une vie molle et voluptueuse au milieu d'une cour galante et dissolue. Or un jour, dit-on, Louis de Bosredon, devenu son grand maître d'hôtel et l'un de ses familiers, se rendant à Vincennes auprès d'elle, rencontra sur son chemin le roi Charles VI. Sans s'arrêter, sans mettre pied à terre, il se borna à saluer son souverain ; celui-ci piqué de cette insolente conduite, et instruit d'ailleurs des intrigues amoureuses du félon chevalier, saisit cette occasion d'en tirer une cruelle vengeance. Il le fit aussitôt arrêter et charger de fers, par Tannegui du Châtel, prévôt de Paris. Bosredon appliqué à la torture avoua tout. Quelques jours après, l'infortuné fut jeté dans la Seine, cousu dans un sac de cuir, sur lequel on lisait cette inscription : *Laissez passer la justice du roi* (1417) (1).

(1) Voyez Hist. de Charles VI.

Chapitre quatorzième.

Courte digression sur Jeanne d'Arc. — Suite des Comtes d'Étampes. — Louis XI. — Messire Jean Hüe, docteur en Sorbonne. — Jean de Foix et Gaston de Foix. — Quelques détails sur l'établissement d'un port à Étampes. — Épisode des faits et gestes de Gaston.

En cette même année (1411) où se livrait dans la vallée d'Étampes le siége que je viens de décrire, une autre vallée en Lorraine était, à son insu, le témoin d'un grand événement. Dans le hameau de Domremy, près Vaucouleurs, de simples villageois donnaient la naissance à une pauvre fille qui devait un jour, quittant pour l'épée du guerrier sa houlette de bergère, com-

II.

2

battre aussi pour son pays. C'était Jeanne d'Arc, jeune héroïne, dont le nom se rattache à de si glorieux souvenirs.

Ce serait sans doute m'écarter de mon sujet que de rappeler ici les exploits de cette fille illustre. Mais lorsque ses plus brillans faits d'armes eurent pour théâtre des contrées si voisines de celles dont nous redisons l'histoire, comment se défendre de jeter en passant un regard de noble joie sur ses jours de triomphe, et un regard de pitié sur ses jours de malheurs ? Le nom d'Étampes figure d'ailleurs dans le récit des combats de la jeune guerrière.

Après des sollicitations sans nombre et toutes les épreuves auxquelles l'avait soumise un excès de défiance et d'incrédulité, Jeanne d'Arc à peine âgée de vingt ans était parvenue à faire agréer ses secours au roi. Déjà la première partie de sa mission était remplie : Orléans venait d'être délivré par son bras puissant ; et la jeune fille poursuivant son œuvre, s'avançait de victoire en victoire jusqu'à la cité de Reims. Après la prise de Jargeau et de Meung-sur-Loire, elle avait formé le siége de Beaugency, que défendait lord Talbot. Ce guerrier, désespérant de se pouvoir défendre, s'enfuit honteusement et se retira vers Janville, bourgade de la Beauce, pour y attendre le renfort qu'amenait sir Faslstoff. Celui-ci venait pour secourir Jargeau : mais à la nouvelle de la prise de cette place, il avait changé sa marche, et laissant dans les murs d'Étampes les vivres et munitions qu'il était chargé de conduire, il vint à Janville, rejoindre lord Talbot (1).

Les historiens en racontant le récit des glorieux combats livrés à quelques lieues à peine de la ville d'Étampes, n'ont point fait connaître si cette ville était tombée elle-même au pouvoir des Anglais, comme tant d'autres qui eurent à subir à cette époque la dure loi d'un ennemi vainqueur. Mais on peut facilement conclure des lignes précédentes qu'elle n'était point alors en la possession du roi de France, puisqu'on la voit servir d'entrepôt aux vivres et munitious de troupes étrangères, dirigées contre l'armée royale. On doit se rappeler en outre qu'au nombre des puissans seigneurs ligués avec le duc de Bedfort contre l'infortuné Charles VII, le duc de Bourgogne, alors comte d'Étampes, occupait l'un des premiers rangs.

Ce suzerain était Philippe dit *le Bon*, comte de Charolais, fils de Jean *sans peur*. Il avait succédé à son père, assassiné à Montereau par les gens du dauphin (10 septembre 1419). Le désir de venger sa mort lui avait mis les armes à la main et l'avait fait entrer dans le parti des Anglais. Par le traité d'Amiens, conclu vers cette époque (avril 1423), il s'était ligué avec le sire de Bedfort, se disant régent de France, durant la minorité de son neveu Henri VI ; ainsi ce vassal infidèle combattait contre son roi, et s'efforçant de faire prévaloir les droits injustes d'un prince étranger, il contribuait pour

(1) Voy. Hist. de Jeanne d'Arc.

une large part aux troubles et aux malheurs qui désolaient le royaume.

Plus fidèle à son prince, Jeanne d'Arc poursuivait son œuvre et arrachait chaque jour quelque nouvelle place aux ennemis. Mais après avoir conduit, à travers les plaines de Champagne, Charles VII jusqu'à Reims, l'infortunée, victime de sa valeur, devint la triste prisonnière des Anglais qu'elle avait tant de fois vaincus. Étampes vit vers ce temps passer non loin de ses remparts un preux chevalier, son digne compagnon d'armes, qui allait payer de sa liberté son noble dévouement. C'était le sire Étienne de Vignoles, plus connu dans les camps sous le nom de *la Hire*. Il s'était avancé jusqu'aux portes de Rouen, pour délivrer Jeanne d'Arc du supplice ou mourir avec elle. Mais surpris par les Anglais, il fut conduit sous bonne escorte au châtel de Dourdan, où il expia par une dure prison son généreux dessein, et ses trop inutiles efforts (1).

Mais revenons aux années qui suivirent le siége d'Étampes, et que cette courte digression nous a fait dépasser.

Ce comté resté en la puissance de la maison de Bourgogne, tant par la conquête après la prise de la ville, que par la mort du duc de Berri, était passé de Jean *sans peur* à son fils Philippe de Bourgogne, dit *le Bon*.

Le dauphin Charles avait fait cependant quelques tentatives pour l'enlever d'entre ses mains ; il avait même

____

(1) Voy. Vie de la Hire. — Journal de Paris.

disposé de ce territoire en faveur de Richard, frère de Jean VI, duc de Bretagne, comme récompense du secours qu'il lui avait accordé pour retirer Marie d'Anjou, sa femme, des mains des Anglais (1421). Dans la suite étant devenu roi, il avait confirmé cette donation (1425). Mais le duc de Bourgogne, jaloux de retenir la possession de son domaine, avait eu recours aux armes ; et dans cette lutte il était toujours demeuré vainqueur. Quelques années plus tard, ce même prince céda le comté d'Étampes avec celui d'Auxerre à Jean de Bourgogne, comte de Nevers, son cousin, à la place d'une rente de 5,000 livres, dont il lui avait promis la jouissance (1434).

Cependant après la mort de Richard, duc de Bretagne, Marguerite d'Orléans, sa veuve, n'eut garde d'oublier que par un titre de donation róyale, le comté d'Étampes avait appartenu à son époux. Elle fit valoir ses droits en faveur de François son jeune fils, dont elle était tutrice ; et à force d'instances elle parvint à obtenir du roi la confirmation du don fait au duc de Bretagne (1442). Ce nouvel acte de la munificence royale ne reçut point une facile exécution. Deux oppositions se formèrent aussitôt contre lui. L'une vint de Philippe de Bourgogne, défenseur des droits de son cousin Jean de Nevers ; l'autre, du procureur-général du parlement. Ce dernier soutenait que le comté d'Étampes avait été donné en apanage à Louis d'Évreux, fils du roi Philippe-le-Hardi ; et que la postérité de ce prince étant éteinte, son comté devait être réuni au domaine de la couronne. Le duc de Bourgogne prétendait à son tour que le comté d'Étampes lui appartenait de plein droit en vertu de la donation du duc de Berri. Un long procès résulta de ce différend ; trente années s'écoulèrent avant qu'un jugement définitif fût prononcé. Il intervint pourtant après bien des contestations : par un arrêt du parlement, le comté d'Etampes fut réuni à la couronne, et le roi Louis XI devint possesseur d'un fief dont nous le verrons tout à l'heure gratifier un de ses fidèles vassaux (1).

L'histoire d'Étampes, à l'époque où nous sommes arrivés, est mêlée d'obscurités et de confusion. Vainement essaierions-nous de l'éclaircir. Le temps n'a point épargné les titres et les monumens qui auraient pu nous guider ici dans nos études. On sait, du reste, comme nous l'avons dit ailleurs, que les annales de cette ville ne présentent point pour chaque siècle une série d'événemens liés et non interrompus. Quelques faits isolés, pris de loin en loin, ont fourni la matière du premier volume de cet ouvrage. Dans cette seconde partie les faits sont quelquefois plus rares encore. Quelques siéges, quelques combats, le passage de plusieurs souverains, ou le récit des belles actions des suzerains d'Étampes ; voilà ce que l'on trouve le plus souvent dans cette nouvelle période de son histoire. Pour lier entre eux ces événemens, ou les rendre plus clairs, quelques digressions nous ont paru nécessaires. Mais elles ne seront pas tout-à-fait inutiles, si, en atteignant leur but, elles rappellent en même temps

(1) Cet acte du parlement est du 18 mars de l'année 1478. (Voir aux registres du parlement.)

à la mémoire du lecteur quelques faits importans des annales de la France.

« Lorsque la retraite des Anglais, dit un éloquent his-
« torien, permit à la France de se reconnaître, les la-
« boureurs descendant des châteaux et des villes fortes où
« la guerre les avait enfermés, retrouvaient leurs champs
« en friches et leurs villages en ruines. Les compagnies
« licenciées continuaient d'infester les routes et de ran-
« çonner le paysan. Les seigneurs féodaux, qui venaient
« d'aider Charles VII à chasser les Anglais, étaient rois
« sur leurs terres, et ne reconnaissaient aucune loi di
« vine ni humaine (1). » Ce fut dans ces momens cri-
tiques que commença le règne de Louis XI (1461). Le
pauvre peuple tournait vers le roi toutes ses espérances,
attendant de lui seul quelque soulagement à sa misère.
Le système féodal semblait reprendre son ancienne force.
Les maisons de Bourgogne, de Bretagne et d'Anjou le
disputaient à la maison royale de splendeur et de puissance ; et les comtes d'Albret, de Foix, d'Armagnac et
autres seigneurs, marchant sur les traces de ces fiers suzerains, s'efforçaient de se maintenir aussi dans une entière indépendance.

Louis XI, fils du roi Charles VII, saisit d'une main ferme
les rênes de l'empire. Ce prince, ombrageux, dissimulé,
parfois cruel, mais toujours politique habile, entreprit
d'abaisser les grands du royaume ; et pour parvenir à ses
fins, il ne recula devant aucun des moyens qui se pré-

(1) Michelet, Précis de l'histoire de France, p. 138.

sentèrent à son esprit. Ceux-ci redoutant les desseins du monarque, résolurent de résister de tout leur pouvoir. Le mécontentement commun les unit, et rassemblant leurs forces respectives, ils coururent aux armes, en colorant leur révolte du titre spécieux de *ligue du bien public*. A sa tête était Charles, comte de Charolais, depuis surnommé le Téméraire et fils de Philippe *le Bon*, duc de Bourgogne, que nous avons déjà vu figurer parmi les comtes d'Étampes. Ce puissant seigneur partit de la Flandre avec une armée de quinze mille hommes, et s'avança vers Paris, où les princes ligués devaient se réunir. Le roi qui se trouvait alors en Touraine au château du Plessis-lès-Tours, s'empressa de se rendre dans sa capitale afin de la maintenir dans l'obéissance. Il traversa rapidement la vallée d'Étampes avec un corps de troupes, et vint se reposer à Châtres sous Montlhéry (1465) (1).

Le comte de Charolais ayant eu avis que les ducs de Berri et de Bretagne se dirigeaient sur Etampes avec leurs troupes, résolut de les aller joindre. Ayant passé la Seine à Saint-Cloud, il vint camper avec son armée à Longjumeau; et son avant-garde, commandée par le comte de Saint-Pol, s'avança jusqu'à Montlhéry, où se trouvait Louis XI avec l'avant-garde de l'armée royale.

Un combat devenait alors inévitable; des deux côtés on s'apprêta à une vive attaque. Les troupes du roi débouchant de la forêt de Torfou, s'avancèrent bientôt à la file sur les hauteurs de Montlhéry. Le choc s'engagea entre les deux armées. De part et d'autre on montra

(1) Voyez Mémoires de Philippe de Comines.

beaucoup de bravoure. Les deux partis rivaux eurent tour à tour l'avantage et furent ensuite repoussés. Mais à la fin le comte de Charolais ralliant ses Bourguignons qui prenaient la fuite, tomba sur les troupes royales avec une vigueur nouvelle ; la mêlée devint alors très sanglante; le comte blessé lui-même, rentra dans son champ, mais il n'en demeura pas moins victorieux et maître du champ de bataille. Le roi se retira à Corbeil avec les débris de son armée ; et le vainqueur poursuivant sa marche, vint faire halte à Etampes (1) (juillet 1465).

On voyait en même temps arriver dans cette ville les ducs de Berri et de Bretagne, avec les comtes de Dunois et de Dampmartin, et plusieurs autres seigneurs qui avaient pris les armes contre le roi. Leurs troupes se composaient de huit cents hommes de guerre bien équipés, d'environ cinq mille archers, et de quatre mille gens de pied ; en tout, près de dix mille combattans, entretenus aux frais du duc de Bretagne. Les chefs de l'armée logèrent dans l'enceinte de la ville ou dans les faubourgs, avec les malades dont le nombre était alors fort considérable. Une grande partie des troupes fut dispersée dans les villages environnans. De son côté le comte de Charolais avait aussi fait conduire à Etampes tous les blessés de son armée, au nombre de près de huit cents.

Il est resté peu de souvenirs du séjour dans cette

---

(1) On peut voir dans les curieux Mémoires de Philippe de Comines, tous les détails de cette bataille et de quelques autres événemens qui en furent la suite. (t. I, ch. IV et V.)

contrée de ces armées liguées contre leur souverain.
Le chroniqueur Philippe de Comines rapporte cependant
à cette occasion une anecdote qui doit trouver place
dans ces récits. Un soir, dit-il, après souper, et pendant
que les seigneurs de l'armée se promenaient dans les rues,
le duc de Berri et le comte de Charolais conversaient
ensemble appuyés contre le panneau d'une fenêtre. Tout-
à-coup on vit partir d'une lucarne voisine deux ou trois
fusées brillantes, dont l'une vint raser cette même croisée
auprès de laquelle devisaient joyeusement les nobles
princes. Effrayés de cette lueur soudaine, ils se retirent
aussitôt, et donnent des ordres. Bientôt l'alarme est
générale. On redoute une conspiration. Trois cents
archers sont rangés en bataille devant le logis des
seigneurs ; et la place où était située leur demeure se
trouve bientôt remplie d'hommes d'armes et d'un peuple
nombreux. Cependant on cherchait avec empressement
l'auteur de cette alarme, quand tout-à-coup un pauvre
homme, nommé *Jean*, accourt en tremblant, fend la
foule, et vient se jeter aux pieds du comte de Charolais,
en sollicitant son pardon pour un accident arrivé contre
sa volonté. C'était un soldat breton, l'auteur de cette
découverte, dont l'essai avait répandu l'effroi dans la
ville. Il assura que c'était par simple amusement qu'il
avait jeté ces feux roulans du haut d'une maison voisine.
Pour justifier son innocence, il offrit de renouveler en
présence des princes la même expérience ; et son offre
étant acceptée, il lança aussitôt dans les airs trois ou
quatre fusées non moins brillantes que les précédentes.
Tout soupçon fut alors dissipé, et la compagnie joyeuse

s'égaya d'un divertissement dont la première tentative avait porté l'épouvante générale au sein de la cité (1).

Le séjour des princes ligués et de leurs armées dans la ville ou dans les environs d'Etampes ne fut point de longue durée. Après quinze jours d'un repos nécessaire, tous ces gens de guerre délogèrent de son enceinte, se remirent en campagne, et dirigèrent leur marche vers Paris. Mais un bon nombre de leurs compagnons arrivés malades ou blessés avait succombé durant cette halte. Ils furent ensevelis sur la colline qui domine le quartier de *Saint-Pierre*, un peu au dessus du chemin qui conduit d'Etampes à Morigny ; et ce terrain, nommé encore de nos jours le *cimetière des Bretons*, rappelle le souvenir des guerres intestines et des divisions sanglantes dont les premières années du règne de Louis XI furent les tristes témoins (2).

(1) Voyez Mémoires de Philippe de Comines, liv. I, chap. v. D'après ce que cet historien rapporte de la frayeur et de la surprise que causa le jet de ces fusées, il est permis de croire que l'apparition de ces feux aériens, aujourd'hui si souvent en usage dans les réjouissances publiques, était alors nouvelle en France. Un soldat breton en serait donc l'inventeur, et la ville d'Étampes aurait joui l'une des premières de ce spectacle singulier. Ajoutons que cet ingénieux soldat figurant dans l'histoire sous le nom de *Jean Boutefeu* ou des *Serpens*, on ne peut guère douter qu'il ne soit en effet l'auteur de cette découverte.

(2) Une partie de la plaine qui est au dessous de Montlhéry, et où un grand nombre de bourguignons de l'armée du comte de Charolais avaient été ensevelis, a retenu également le nom de *cimetière des Bourguignons*. — Au dessus du faubourg Saint-Pierre d'Étampes se trouve le hameau dit la *petite Bretagne*, dont le nom dérive peut-être aussi de la même source.

Ces divisions furent terminées par un traité conclu à Conflans, qui dissipa la ligue des seigneurs confédérés (août 1465). Chacun d'eux se retira sur ses terres ; et le monarque habile profita du loisir de la paix, pour aviser aux moyens de réduire tour à tour sous son obéissance les grands dont la puissance faisait ombrage à sa suprême autorité.

Dans la série des actes de justice sévère ou de cruelle vengeance dont le règne de Louis XI a laissé tant d'exemples, se mêle indirectement le nom d'un illustre et savant personnage auquel la ville d'Etampes s'honore d'avoir donné le jour. Cet homme insigne par sa science et par ses vertus, est Messire Jean Huë, qui fut à la fois docteur en Sorbonne, doyen de la faculté de théologie, chanoine de Paris et de Reims, grand-doyen de l'église de Sens, et curé de Saint-André des arcs à Paris. Il naquit à Etampes dans la première période du quinzième siècle, et son nom n'apparaît dans l'histoire qu'au milieu de pieuses fonctions, ou mêlé aux travaux d'une grande assemblée. Un vil assassin, nommé Jean Hardy, convaincu d'avoir tenté d'empoisonner le roi, venait d'être condamné à mort par un arrêt de la cour du parlement : Messire Jean Huë fut désigné pour accompagner ce malheureux au supplice (30 mars 1474). Il remplit ainsi presque un des premiers ce touchant et courageux ministère de consolation et de paix que la justice humaine n'accordait que depuis peu de temps aux criminels (1).

(1) Voy. dans les Mémoires de Philippe de Comines, les horri-

L'année suivante nous retrouvons Messire Jean Huë sur cette même place de Grève, qui naguère encore avait conservé sa triste destination. Mais cette fois ce n'est plus un vil et obscur assassin qu'il exhorte à la mort, c'est un noble et puissant seigneur : c'est Louis de Luxembourg, connétable de France. Le monarque ombrageux avait conçu contre ce preux chevalier une jalouse défiance. Arrêté et conduit à Péronne, le connétable fut livré aux envoyés du roi qui l'amenèrent à Paris, où par arrêt de la cour du parlement il fut condamné à être décapité (19 décembre 1475). Or c'était cet infortuné, triste victime d'une politique sombre et cruelle, que messire Jean Huë était encore chargé d'accompagner au supplice et de consoler par de saintes paroles au moment du suprême adieu.

Mais détournons nos regards de ces scènes sanglantes pour retrouver ce docte personnage au milieu des fonctions plus douces que ses diverses charges l'obligeaient à remplir. Soit qu'en qualité de pasteur il donne un soin tout paternel au gouvernement de son église; soit que doyen de Sorbonne, il préside cette grave assemblée et y prononce des arrêts importans, nous le voyons toujours consacrant ses talens et ses veilles à d'utiles labeurs. Louis XI ayant secouru les Florentins qui étaient en querelle avec le pape Sixte IV, se trouva compromis avec la cour de Rome (1478). Par suite de ces démêlés, le roi

bles détails de ce supplice , qui montre avec quelle rigueur la loi punissait alors de pareils attentats.

Voy. le recueil des ordonnances royales du commencement du 15ᵉ siècle.

convoqua à Orléans une assemblée des prélats de France
pour y discuter certaines prétentions du souverain pontife. Messire Jean Huë fut député par la Sorbonne et l'université à cette assemblée, et l'histoire remarque qu'il s'y
distingua par la force et la hardiesse de son éloquence.

Ce savant docteur, cet homme de bien, au milieu de
ses nombreux travaux, n'avait point oublié la ville d'É-
tampes où il reçut le jour. N'ayant pu vivre dans son
sein, il voulut du moins y reposer après sa mort. D'après
son désir, son corps fut enseveli dans le chœur de Notre-
Dame, devant le grand autel de cette antique église
qu'il avait aimée, et que sa générosité avait enrichie
de quelques pieuses fondations. Une inscription qui les
rappelle s'y lisait autrefois sur un marbre : cet humble
monument, dont il subsiste à peine quelques traces aujourd'hui, est le seul souvenir qui reste à Étampes du
passage de l'un de ses plus doctes enfans (1).

Nous avons vu plus haut qu'à la suite des démêlés
entre le duc de Bourgogne et le roi Louis XI, sur la possession du comté d'Étampes, un arrêt du parlement était
intervenu, et avait réuni ce domaine à la couronne (2).
Mais avant même cette sentence, le roi, par quelques
actes d'autorité relatifs à ce territoire, avait assez fait
comprendre qu'il s'en regardait déjà comme possesseur.

(1) Quelques fragmens de ce marbre se trouvent encore sur les
marches qui sont à l'entrée du chœur de l'Église. On y découvre,
après bien des efforts, les noms et les titres de l'homme illustre
dont nous venons de parler.

(2) Voy. même ch., p. 22.

L'un de ces actes présente quelques points curieux, et ne doit point passer tout-à-fait inaperçu.

Le roi se trouvait à Milly, dans le Gâtinois. Il avait découvert aux environs de cette petite ville un lieu nommé anciennement *Puyvernier,* qui lui avait paru singulièrement *propice et convenable pour faire la curée de sa chasse, et pour prendre son esbat et déduit à la chasse des cerfs et autres bêtes* (1) : il désira dès lors se rendre maître de cette propriété. Elle dépendait de la commanderie d'Étampes et Châlou-la-Reine, et appartenait à Pierre Louffart, commandeur de l'ordre de Saint-Jean de Jérusalem. Le monarque le mande vers lui et lui fait connaître son dessein. Un acte d'échange est alors conclu entre Louis XI et le dit commandeur. Le roi devient possesseur du domaine de *Puyvernier,* et concède à Pierre Louffart, en dédommagement de cette cession, une rente annuelle de cinquante livres parisis, à prendre *sur les revenus de trois moulins sis sur la rivière d'Étampes et appelés les moulins de Dernetau, du Sablon et de Chauffour* (2).

Plus d'un lecteur remarquera sans doute que ces trois

(1) Voir les paroles consignées dans l'acte ou lettres-patentes.

(2) Les lettres-patentes données par le roi en cette occasion, se terminent ainsi : *donné à Milly en Gatinois, le seizième jour d'octobre, l'an de grâce, mil cccc soixante-et-quatorze, et de notre règne le quatorzième.*

Il existe au trésor des Chartes (Archives du Royaume) une belle et grande charte sur parchemin, qui contient en son entier l'acte de cet échange et relate en même temps les lettres-patentes du roi. Elle nous a servi de guide dans le récit de cet événement.

moulins existent encore aujourd'hui à Étampes, sous les mêmes noms. Le premier seulement a vu changer son nom de *Dernetau* en celui de *Darnatal*. Déjà plus d'une fois, dans la première partie de cet ouvrage, nous avons eu de semblables occasions de constater l'ancienneté de quelques autres de ces établissemens utiles (1). Celle-ci s'étant présentée à son tour, nous avons dû appeler de nouveau l'attention sur ce fait intéressant.

Le roi Louis XI, devenu par arrêt du parlement possesseur du comté d'Étampes (1478), ne le retint pas long-temps entre ses mains. Ce domaine venait à peine d'être réuni à la couronne, que le monarque en fit don à Jean de Foix, vicomte de Narbonne, en fief et inféodation perpétuelle, se réservant seulement foi, hommage et souveraineté (2). Jean était fils puîné de Gaston IV, comte de Foix, que Charles VII avait armé chevalier au siége de Tartas (1442), et de la princesse Éléonore, fille de Jean, roi d'Aragon, et de Jeanne, reine de Navarre.

C'est au temps de la possession de la ville d'Étampes par Jean de Foix, qu'il faut placer l'établissement du *port*, que la tradition non moins que diverses pièces écrites attestent avoir existé à Étampes. Il servait à l'embarquement des blés nombreux venant de la Beauce, et à leur transport vers Corbeil et Paris, sur un canal formé des rivières qui arrosent la vallée d'Étampes (3).

(1) Voy. tom. I, p. 73-126, etc.

(2) Les lettres-patentes de cette donation furent données à Arras, au mois d'avril 1478, la 17ᵉ année du règne de Louis XI.

(3) Les lettres que Jean de Foix accorda pour l'établissement

Un ancien port existait déjà, mais très imparfait sans doute et situé d'ailleurs loin de la ville, dans un lieu peu convenable au déchargement des voitures et à l'embarquement des blés qu'elles apportaient. Il était placé derrière la commanderie de Saint-Jacques-de-l'Épée, située elle-même à l'extrémité du faubourg qui borde la route actuelle de Paris, à l'endroit dit encore *les Capucins*. Ce port appartenait au commandeur de Saint-Jacques, qui en touchait les droits et revenus, mais sans titres authentiques qui lui en eussent donné la possession. Or les lettres de Jean de Foix ordonnent que le port qui par *notre souffrance*, dit le texte, *a existé depuis aucunes années, joignant l'hôpital Saint-Jacques-de-l'Épée, sera approché et mis dedans notre dite ville, ou jusques au fossé et rées des murs d'icelle,* suivant le cours d'eau tracé par les habitans, dans le lieu le plus convenable. Il est fait défense aux bateliers et voituriers de charger et décharger ailleurs que dans ce port les blés et vins qu'ils pourraient apporter à Étampes, à peine de confiscation et d'amende ; et il est établi pour les droits à percevoir au profit du comte, un tarif semblable à celui qui était en usage au port de Saint-Jacques-de-l'Épée (1).

Mais le commandeur, dont les intérêts étaient froissés par cette disposition, s'opposa vivement à l'enregistrement de ces lettres, soutenant que le droit de port lui

---

de ce port, sont datées de Tours, le 27 juillet 1490. Ces lettres font mention expresse de l'existence d'un ancien port appartenant à la commanderie de Saint-Jacques de l'Épée.

(1) Tous ces détails sont extraits des lettres de Jean de Foix de l'an 1490.

appartenait et qu'il ne devait point être conféré à d'autres à son préjudice. Les habitans d'Étampes alléguaient au contraire que ces prétendus droits étaient sans titres (*pure souffrance* disaient les lettres), et ne pouvaient rivaliser avec la concession que leur avait faite Jean de Foix, de sa pleine autorité.

Cependant le bailli d'Étampes avait maintenu par une sentence le commandeur dans ses prétentions (1514). Mais plus tard le roi François Ier ayant accordé aux habitans des lettres confirmatives de celles de Jean de Foix (décembre 1521), le parlement de Paris, juge de la contestation, laissa au commandeur la jouissance de son port, mais en concurrence avec celui qui était concédé aux habitans et qui dut alors être établi, d'après le texte de l'arrêt, *depuis les fossés de la ville jusqu'à une petite ruelle descendant de l'extrémité du faubourg Évezard dans les prairies.* Le même arrêt permet aux habitans d'amener les eaux de la Juine dans leur port, et de faire naviguer et stationner librement leurs bateaux sur la rivière, jusqu'à divers lieux désignés, tels que le *Quai des Sarrasins* proche Brunehaut, *le pont de la Barre, le moulin de Pierre Broust,* etc.

Il ne reste plus aujourd'hui à Étampes aucune trace de port ni de canalisation ; quelques barques de pêcheurs sillonnent seules le lit des eaux qui fertilisent la vallée. Il est à croire que le commerce et la mouture des grains ayant pris de jour en jour plus d'importance dans cette contrée , on trouva plus avantageux d'employer les eaux qui rendaient le canal navigable, à faire mouvoir de nombreux et utiles moulins.

Mais l'emplacement où se trouvait le port d'Étampes, le long des remparts de la porte Évezard, a conservé le même nom de *port*, quoique transformé aujourd'hui en de gracieuses promenades qui présentent des ombrages délicieux. C'est sous leur abri que se tient annuellement la célèbre foire de Saint-Michel, dont nous avons mentionné l'origine dans le premier volume de cet ouvrage (1).

(1) Voir tome I, page 9. — Quelques rues voisines du quartier Evezard dont nous venons de parler, présentent quelques singularités. La rue *Rocheplate* qui forme le prolongement de la rue Evezard, tire son nom d'une grande *roche plate* que l'on voit encore dans les caves de l'une de ses maisons. — Vers le milieu de la rue *Darnatal*, une maison, jadis auberge, qui a retenu le nom de son enseigne, *l'Arche de Noé*, présente quelques traces d'anciennes constructions. Mais un autre objet de curiosité rend cette maison intéressante. Dans l'angle qu'elle forme avec la rue et l'un de ses murs, on aperçoit dans une niche une petite *madone* très finement sculptée en pierre : au dessus on lit cette singulière inscription :

> *L'original de cette image*
> *Est un chef-d'œuvre si parfait,*
> *Que l'ouvrier qui l'a fait*
> *S'est renfermé dans son ouvrage.*

Cette inscription est un peu énigmatique. Quelques habitans du quartier ont cru me l'expliquer en m'assurant que *l'ouvrier de cette madone avait été selon son désir enterré dans ce mur*. S'il est permis d'attribuer à ces vers ambigus un autre sens, profondément mystique et religieux, ne peut-on pas croire qu'ils rappellent le mystère de l'incarnation de l'Homme-Dieu, ouvrier divin qui a voulu se *renfermer* et prendre naissance dans le sein de la vierge Marie, *chef-d'œuvre* de ses mains, et son plus *parfait ouvrage?*

Dans cette même rue Darnatal on voit encore une maison dite la *sorbonne :* on croit qu'elle a appartenu anciennement

Jean de Foix, comte d'Étampes, était un brave et généreux guerrier dont le nom brille avec honneur dans les fastes militaires de la France. Il vit trois monarques, Louis XI, Charles VIII et Louis XII, s'asseoir tour à tour sur le trône : il leur demeura toujours fidèle, et plus d'une fois son bras puissant sut les défendre contre leurs ennemis. Il assista au mariage du roi Charles VIII avec Anne de Bretagne, cette belle et illustre princesse que nous verrons bientôt, devenue comtesse d'Étampes, entrer en souveraine dans cette ville, fière de la recevoir dans son sein. Jean de Foix s'attachant à la fortune de son souverain le seconda vaillamment dans cette expédition chevaleresque de Naples, où la jeune noblesse de France rivalisa de bravoure et se couvrit de lauriers. Il combattit avec elle à la bataille de Fornoüe, et fut l'un des principaux héros de cette glorieuse journée (1495). Sous le règne de Louis XII, nous retrouvons Jean de Foix aux postes d'honneur que ses talens et sa valeur, non moins que sa naissance, surent toujours lui assigner. Au sacre de ce prince, il se tient debout à ses côtés dans la basilique de Reims, et représente l'un des six pairs laïques qu'une antique coutume plaçait auprès du roi dans ce jour solennel. Quelques années plus tard il est encore près de lui à la bataille de Novare, livrée par ce monarque contre Ludovic Sforzi, duc de Milan, et sa bravoure et ses exploits aident puissamment à la victoire (1499).

à Robert Sorbon, fondateur de la Sorbonne et confesseur de saint Louis.

Jean de Foix, épuisé de fatigues et de travaux, revint en France, jouir des honneurs qu'il avait mérités. Mais dès l'année suivante, il fut atteint d'une maladie grave qui mit bientôt ses jours en danger. Il se fit alors transporter dans sa ville d'Étampes, qu'il voulait revoir une fois encore; il y arriva presque mourant (5 novembre 1500), et quelques jours après il y rendit le dernier soupir. Ses obsèques furent célébrées avec beaucoup de pompe et de magnificence. Les échevins, les officiers de justice y assistèrent en longs habits de deuil, suivis d'une grande multitude de peuple de la ville et des lieux voisins. Lorsque le corps de ce digne seigneur fut, selon son désir, déposé dans un caveau du chœur de l'église Notre-Dame, les soupirs et les pleurs de l'assemblée montrèrent combien il était cher aux habitans de son comté, qui avaient admiré en lui l'heureux accord de la bonté et de la vaillance.

Jean de Foix ne laissait qu'un seul fils; mais ce fils était Gaston V, duc de Nemours! C'était ce jeune héros qui, par ses brillans exploits au delà des Alpes, allait acquérir à vingt ans une gloire immortelle! Il hérita des titres de son père, et le surpassa en talens et en valeur. Il fut comme lui comte d'Étampes : comme lui aussi il vint dans cette ville et paya de plusieurs bienfaits la vive affection que lui témoignèrent ses habitans. A ces titres, il a droit de notre part à un spécial hommage. On me permettra donc de redire avec quelques détails les hauts faits de l'illustre Gaston. Sa carrière fut courte; mais il eut le beau destin du héros d'Homère, et comme lui sans doute il n'eût point balancé, si le génie de la France lui eût offert à son tour :

. . . . . . Ou beaucoup d'ans sans gloire,
Ou peu de jours suivis d'une longue mémoire.
(Racine, *Iphigénie*.)

Gaston, fils de Jean de Foix et de Marie d'Orléans, sœur du roi Louis XII, était à peine âgé de onze ans lorsque la mort de son père le rendit orphelin. Il fut élevé à la cour du roi son oncle, et on ne tarda pas à découvrir en lui le germe des vertus précoces dont il devait donner bientôt des marques si éclatantes. Déjà il était venu une fois à Étampes, en se rendant à la cour (février 1501). Mais son passage avait été rapide, et les habitans avaient remis à une autre époque la réception brillante qu'ils se proposaient de faire à leur nouveau seigneur. Ce moment arriva quelques années après. A peine le jeune prince eut-il atteint l'âge de quinze ans, qu'il revint en sa ville d'Étampes, comme pour prendre possession cette fois de l'héritage paternel (1506). Les anciens historiens nous ont transmis quelques détails sur cette entrée solennelle, dans laquelle les habitans déployèrent une grande magnificence. Deux cents d'entre eux montés sur de beaux coursiers, allèrent au devant de Gaston, précédés de plusieurs trompettes, et de bannières aux armes de la ville. Derrière eux marchaient six cents petits garçons, portant tous à la main des banderolles revêtues des armes du comte, en or et en argent. Les échevins le reçurent à la porte de la *couronne* (1), sous un pavillon orné d'écussons aux mêmes armes, au milieu des fan-

____

(1) Aujourd'hui la porte *Evezard.*

fares, des trompes, des violes, des hautbois, et des cris joyeux de la foule accourue sur son passage. Le cortége se remit en marche, entouré d'une multitude innombrable de personnes qui suivirent le prince jusqu'au logis disposé pour le recevoir. Devant ce logis se trouvait placée une sorte de merveille qui dut étonner et réjouir à la fois les nombreux témoins de cette fête splendide. C'était, dit-on, une vache dorée, dont les cornes laissaient jaillir du vin en si grande abondance, que tous les assistans purent chacun à leur tour venir y étancher leur soif. A peine le comte fut-il arrivé dans ses appartemens, que l'on vit aussitôt s'avancer vers lui les principaux personnages de la ville d'Étampes. Ils venaient respectueusement offrir à leur nouveau seigneur plusieurs pièces d'orfévrerie, telles que des bassins, des coupes, des salières et d'autres ouvrages de vermeil, dont le prix était alors très considérable. Par ces riches présens, ils voulaient témoigner au prince leur affection et captiver sa bienveillance pour les habitans de la contrée.

Le jeune Gaston fut vivement touché de l'accueil brillant qu'il venait de recevoir. Il conçut dès lors un vif amour pour ses vassaux d'Étampes; et appuyant leurs intérêts dans toutes les occasions, il n'épargnait rien pour s'en faire chérir à son tour. Il demeura quelque temps au milieu d'eux : mais bientôt une voix puissante l'appela et leur ravit sa présence. C'était celle de la gloire, que n'entend jamais en vain un noble cœur. Le bruit des armes vient de retentir aux oreilles du jeune comte. Il n'a point vingt ans encore; mais il brûle déjà de signaler sa valeur. Il s'arrache donc à des contrées qui lui sont devenues chères, et vole sur les champs de bataille où de belles actions vont signaler chacun de ses pas.

Louis XII avait à se plaindre des Vénitiens qu'il venait de secourir dans une guerre périlleuse, et qui, pour prix de sa protection, avaient été infidèles à leurs sermens. Il signa donc contre eux la ligue de Cambrai, où l'on vit entrer l'empereur Maximilien, le pape Jules II et Ferdinand, roi de Castille et d'Aragon (décembre 1508); la république de Venise, menacée par tant de forces, se vit sur le point de succomber et de perdre sans retour sa gloire et sa puissance.

Le monarque français se mit le premier en campagne et força l'armée vénitienne d'en venir aux mains près d'*Aignadel*. Brave et intrépide, il n'hésita point à se jeter lui-même dans la mêlée, et lorsqu'on lui représentait le danger où il exposait sa personne : « *Que ceux qui ont peur*, disait-il en riant, *se mettent derrière moi*. Cependant un jeune guerrier se trouvait auprès du roi, à l'avant-garde ; et l'exemple de sa valeur enflammait aussi l'ardeur des combattans. C'était Gaston, comte d'Etampes ! Il seconda puissamment, durant toute cette campagne, les efforts des troupes françaises. Il se distingua surtout par des prodiges de bravoure, dans cette même bataille d'*Aignadel*, où dix mille ennemis restèrent sur la place, tandis que leur défaite coûtait moins de trois cents hommes à nos soldats vainqueurs (1509).

Le fruit de cette victoire fut la prise de Crémone, de Padoue, de Trente, et de presque toutes les possessions des Vénitiens en terre ferme. Mais les prétentions des princes ligués prolongèrent la guerre et fournirent au jeune Gaston des occasions nouvelles de déployer une brillante valeur.

Louis XII, en généreux vainqueur, avait partagé avec ses alliés les villes et les provinces conquises. Mais à peine Jules et Ferdinand eurent-ils reçu leur part de la conquête, qu'ils se liguèrent à leur tour avec les Vénitiens pour enlever au roi de France la terre d'Italie. On dirige aussitôt contre eux des forces considérables, et un jeune homme de vingt-deux ans est chargé du commandement général des armées françaises. Tous les regards se portaient sur lui, et l'on aimait à reconnaître dans cet intrépide chef, le héros d'Aignadel, Gaston, neveu du roi, duc de Nemours, comte d'Étampes ; celui enfin à qui la grandeur et la rapidité de ses exploits méritèrent le surnom de *foudre d'Italie.*

La carrière que fournit Gaston de Foix sur la terre italique fut courte, mais dignement remplie. Le destin fatal qui devait sitôt en trancher le cours, lui laissa quelques mois à peine pour remplir les œuvres promises à sa valeur. Durant ce rapide intervalle, que de victoires cependant couronnèrent ses généreux efforts ! Il repoussa vigoureusement l'armée des Suisses, que le pape avait fait entrer en Italie ; il délivra Bologne assiégée par les princes confédérés, et emporta d'assaut la ville de Bresse, qui était retombée au pouvoir des Vénitiens. Enfin, il dissipa deux des trois armées qu'il avait en tête ; et lorsque la victoire s'attachait ainsi à chacun de ses pas, c'était toujours avec des forces peu considérables qu'il mettait en fuite ses nombreux ennemis.

Mais le plus brillant fait d'armes du jeune Gaston,

pendant cette mémorable campagne, fut la bataille et le siége de Ravenne. Le duc de Nemours n'avait attaqué cette place que pour obliger les ennemis d'en venir aux mains : après quelques jours de vigoureux assauts, il voyait les assiégés sur le point de capituler, lorsque Raymond de Cordonne, vice-roi de Naples, et général de l'armée confédérée, parut à la vue des assiégeans et s'arrêta à quelque distance de la ville. Gaston brûlant d'ardeur d'engager le combat, s'empresse d'aller assaillir cette armée ennemie jusque dans son camp. L'action fut vive et opiniâtre; des deux côtés on déploya long-temps la plus grande vaillance. Les confédérés, jaloux de réparer leurs pertes, n'avaient rien épargné pour repousser les assiégeans. Ils avaient fortifié de leur mieux leurs retranchemens, et la disposition de leurs troupes était réglée de telle sorte, qu'elles formaient comme une phalange hérissée de piques. Il paraissait impossible de rompre ce mur de fer; lorsqu'un officier allemand, au service de la France, parvint à le briser par un de ces traits de dévouement héroïque dont plus d'un exemple honore nos annales. Ce fier guerrier, nommé *Fabien*, était l'un des hommes les plus hauts et les plus robustes de l'Europe : saisissant en travers une longue pique il s'élance de toutes ses forces sur celles des ennemis, les fait baisser, et ouvre ainsi une brèche dans ce rempart impénétrable. Il en coûta la vie à cet homme généreux ; mais sa belle action décida de la bataille. Les Français se précipitant dans la brèche qu'il venait d'ouvrir, font un horrible carnage de la redoutable phalange, et la victoire ne tarde pas à se déclarer en leur faveur (1512).

Or cette bataille se livrait sous les murs de Ravenne, le jour même de Pâques, de l'an 1512. Gaston, l'intrépide chef de l'armée française venait de s'y signaler par des actes magnanimes de courage. Auprès de lui s'était trouvé au moment du combat, un illustre guerrier, plus digne que tout autre d'apprécier l'éclatant mérite du jeune héros ; un preux chevalier vieilli dans les camps, qui lui prêta cette fois l'appui de sa valeur et de sa longue expérience. C'était Bayard, *le chevalier sans peur et sans reproche !* Ce brave guerrier l'avait surtout aidé à repousser la cavalerie espagnole qui était venue fondre sur la compagnie française où se trouvait le duc de Nemours ; et pendant que ce prince tout couvert de sang ralliait ses hommes d'armes, il s'était attaché lui-même à la poursuite des fuyards.

Cependant la victoire paraissait complète : restait seulement un gros d'ennemis espagnols, qui se retiraient en bon ordre vers Ravenne. Gaston s'élance sur eux suivi seulement d'une quinzaine de soldats ; et se postant sur leur passage, il entreprend de les arrêter. Cette bouillante ardeur lui devint fatale : assailli à son tour par les Espagnols, il se défend vaillamment l'épée à la main ; mais percé de quatorze coups de lance, il chancèle, tombe, et rend le dernier soupir sur le théâtre même de sa victoire. Ainsi mourut à vingt-trois ans Gaston de Foix, duc de Nemours et comte d'Etampes. Avec ce jeune héros expira la fortune de la France : avant la fin de la campagne, l'armée française avait perdu toutes ses conquêtes, et la terre d'Italie lui échappa sans retour.

Le corps de Gaston enlevé par ses hommes d'armes

fut apporté dans Ravenne, et de là conduit comme en triomphe par l'armée victorieuse jusqu'à Milan, sur un char étincelant de mille flambeaux. Plus de dix mille cavaliers vêtus de deuil, entrèrent à sa suite dans cette ville. Il fut enseveli avec une grande pompe dans l'église du *Dôme;* quelques années plus tard un superbe tombeau de marbre blanc fut construit pour le recevoir, dans une autre église de la même cité. C'est là que reposèrent long-temps ses restes précieux; diverses parties des belles sculptures qui décoraient ce riche mausolée, se voient aujourd'hui encore dans la bibliothèque ambroisienne de Milan.

La double nouvelle du gain de la bataille de Ravenne et de la mort de Gaston de Foix, remplit à la fois l'âme du roi Louis XII, d'une vive joie et d'une profonde douleur. « Je voudrais, » s'écria-t-il, en déplorant la perte de Gaston, réputé dès lors le plus grand capitaine de toute la chrétienté; « je voudrais n'avoir plus un « pouce de terre en Italie, et pouvoir à ce prix faire re- « vivre mon neveu Gaston de Foix, et tous les braves « gens qui ont péri avec lui. Dieu nous garde de rem- « porter jamais de pareilles victoires! » — Ainsi la ville et le comté d'Etampes perdirent le jeune héros dont l'aurore se levait si belle, et dont les brillantes qualités leur promettaient un généreux et puissant protecteur. Mais un nouvel espoir vint bientôt adoucir la douleur de cette perte : le roi avait fait don du comté d'Etampes à la reine Anne de Bretagne : or chacun savait que cette princesse était l'une des personnes les plus accomplies de son temps. Les habitans d'Etampes informés de la prochaine arrivée de leur nouvelle comtesse, firent de nombreux préparatifs pour la recevoir d'une manière conforme à son illustre rang.

Chapitre quinzième.

Anne de Bretagne, fille et héritière du duc François II et de Marguerite de Foix , naquit au château de Nantes (1476), et fut, à l'âge de quinze ans, mariée à Charles VIII, roi de France (1491). Peu de princesses ont reçu de la nature autant de dons séduisans qu'en possédait la jeune fille bretonne qui devait s'asseoir sur le trône de nos rois. Elle avait toutes ces grâces de la figure qui enchantent les yeux ; sa taille était moyenne, mais noble et pleine de dignité. Le seul défaut que les historiens aient remarqué en sa personne, est celui d'être un peu boiteuse : mais elle savait, dit-on, cacher avec tant d'art cette légère infirmité, qu'il était comme impossible de l'apercevoir. Les qualités de son esprit répondaient aux agrémens de son corps. Elle était naturellement éloquente , judicieuse et très sensée. Son cœur se montrait généreux, sensible et franc ; et l'une de ses vertus favorites était cette libéralité inépuisable qui sied si bien à la grandeur.

Telle était la princesse qui partagea la couronne avec Charles VIII, *gentil prince, doux, gracieux et accointable*, dit un historien contemporain, *et si bon qu'il n'est point possible de voir meilleure créature.* Pendant l'expédition du monarque en Italie, sa jeune épouse sut gouverner le royaume avec une prudence et une sagesse peu communes. Puis quand après sept ans d'une heureuse union , elle vit périr à la fleur de son âge le prince auquel elle avait donné son cœur, elle demeura quelque temps inconsolable. On rapporte que durant deux jours elle resta étendue par terre versant d'abondantes larmes , et refusant de prendre aucune nourriture. Et lorsque les dames de sa cour plaignaient sa destinée, en la voyant si jeune rester seule, sans enfans et veuve d'un grand roi. «*Ah ! plutôt,* s'écriait-elle, *rester ainsi veuve toute ma vie, que de m'abaisser jamais à un moindre que mon premier époux* (1).

La reine de France ne fut point infidèle à ces paroles; mais elle ne demeura point aussi dans un veuvage éternel. Un autre monarque devenant son époux la fit asseoir de nouveau sur ce même trône qu'elle avait déjà si dignement

(1) Chron. de Philippe de Comines, l. 5 et 6.

occupé. C'était Louis XII, successeur de Charles VIII, l'un des princes les plus accomplis de son temps.

La royale veuve, replacée au rang suprême dont elle avait cru descendre, y brilla de nouveau par toutes les qualités heureuses dont la nature l'avait si libéralement dotée. Elle donna à sa cour un vif éclat, en appelant auprès de sa personne un grand nombre de nobles demoiselles bretonnes ou françaises. Son palais était pour elles une excellente école ; elle leur offrait constamment un modèle des plus hautes vertus et leur donnait l'exemple du travail. Jouissant de la plus grande partie des revenus de la Bretagne, elle les employait à secourir les malheureux, à fournir des équipages aux pauvres officiers, et à soulager leurs enfans ou leurs veuves. Mais ses chers Bretons étaient toujours les principaux objets de sa libéralité. Aussi le roi, dit le chroniqueur Brantôme, l'appelait-il quelquefois *dans ses goguettes, ma bretonne ;* trouvant qu'elle avait réellement le cœur plus breton que français (1). Elle avait su prendre un grand empire sur l'esprit de son époux. La première entre nos reines de France elle a joui de la prérogative d'avoir des gardes à elle et de donner audience à des ambassadeurs.

Mais il est temps de considérer Anne de Bretagne au sein de la ville dont elle devint souveraine par la munificence du roi. Hâtons-nous donc de la montrer au milieu de ses loyaux habitans d'Étampes, joyeux de voir

(1) Brantôme.

une si belle reine s'avancer vers leurs murs, et promettre à ses nouveaux sujets sa puissante protection.

Le roi Louis XII, voulant donner à la reine une marque de son amour, jeta les yeux sur son comté d'Étampes que la mort du jeune Gaston venait de réunir à la couronne. Le monarque voulut qu'il devînt la propriété d'Anne de Bretagne (1). Ce n'était point la première fois que ce même comté appartenait ainsi à une reine de France. On doit se rappeler que déjà deux illustres souveraines, Blanche de Castille et Marguerite de Provence, mère et femme de notre saint Louis, l'avaient possédé tour à tour (2).

Les habitans d'Étampes, instruits que leur nouvelle comtesse arrivant de Blois devait faire bientôt son entrée dans leur ville, lui préparèrent une magnifique réception. Le roi, qui la précédait, arriva le premier; et sur son ordre, les échevins allèrent au devant de la reine jusqu'à Angerville. Elle parut bientôt au milieu des murs de la cité; et bien qu'elle eût désiré ne point faire d'entrée solennelle, elle ne put s'empêcher d'agréer de bonne grâce tous les honneurs qui lui furent offerts. La princesse logea dans le château, et elle trouva le paysage d'alentour si gracieux, que son séjour en cette contrée se prolongea durant un temps assez considérable. Cependant

(1) Les lettres-patentes données par le roi Louis XII en cette occasion, sont datées de Blois, du mois de mai, l'an de grâce 1513.

(2) Voy. tome I, chap. XII, page 172 et suiv.

les habitans, joyeux de sa présence, n'épargnèrent rien pour captiver sa bienveillance et l'attacher de plus en plus à des lieux qu'elle aimait et qu'en partant elle espérait sans doute bientôt revoir (1).

Hélas! il n'en fut point ainsi. Une année ne s'était point écoulée encore et voilà que déjà Anne de Bretagne traverse de nouveau la ville d'Etampes. Mais quel lugubre cortége l'environne! Au lieu des grands de sa cour revêtus d'ornemens magnifiques, ce sont de fidèles serviteurs couverts de longs habits de deuil. Les chants de joie et d'ivresse sont remplacés par les larmes de la douleur; et le peuple qui avait contemplé naguère une reine, belle et jeune encore, parée de grâces et de vertus, ne découvre plus sous les voiles sombres de la mort qu'un corps inanimé, cheminant tristement vers l'antique basilique de Saint-Denis.

Anne de Bretagne venait en effet d'expirer au château de Blois à l'âge de trente-huit ans (9 janvier 1514). La nouvelle d'une mort si inattendue causa une profonde tristesse aux habitans d'Etampes; ils voulurent du moins rendre dignement à leur chère comtesse les derniers honneurs, seul tribut d'hommage et de reconnaissance qu'il fût désormais en leur pouvoir de lui offrir. Instruit de l'approche du funèbre cortége, le peuple se porta en foule à sa rencontre. Les officiers de justice et les échevins, vêtus de robes et de chaperons de deuil, reçurent le corps de la reine à la porte de la ville au faubourg de

(1) Voir pour plus de détails la note justificative à la fin du volume.

Saint-Martin ; et suivis de tous les habitans, ils le conduisirent jusqu'à l'église Notre-Dame, où un pompeux service devait être célébré. On voyait, dit-on, briller dans cet imposant cortége, huit cents flambeaux ornés des armes de la ville, et autour du cercueil surmonté d'un dais, se tenaient fièrement six cents nobles chevaliers portant chacun un flambeau blanc, armoirié aux armes de Jérusalem. C'étaient les nombreux descendans d'Eudes-le-Maire, dit Challo Saint-Mard, ce preux et fidèle seigneur dont on connaît déjà l'histoire. En vertu *de leur franchise,* ils étaient tenus de rendre en pareille occurrence aux têtes couronnées un solennel honneur ; et ils s'acquittaient aujourd'hui de ce triste devoir imposé par la reconnaissance (1).

Après que les habitans d'Etampes eurent ainsi rendu à leur illustre comtesse ces hommages d'un pieux souvenir, ils accompagnèrent ses restes hors de la ville, avec la même pompe qu'ils les avaient reçus. Et le char funèbre reprenant sa marche vint déposer le corps de l'auguste reine sous les voûtes de l'abbaye antique, auprès de celui du roi Charles VIII, son premier époux (2).

(1) Voir tous les détails relatifs à l'histoire d'Eudes-le-Maire, au tome I, chap. VI, p. 75 et suiv.

(2) Au nombre des qualités qui distinguaient la reine Anne, il en est une dont nous n'avons point parlé encore, et qu'il est juste pourtant de rappeler ; c'est son amour éclairé pour les beaux arts. Il existe à la bibliothèque royale un monument précieux du goût qu'avait cette princesse pour l'art de la peinture. C'est son livre d'*Heures,* en manuscrit, in-4°. Ce livre, à l'ornement duquel elle avait sans doute présidé, est décoré de figures en miniature

Le roi Louis XII ne survécut pas long-temps à son épouse bien-aimée : dès l'année suivante, ce bon prince que ses vertus avaient fait surnommer le *père du peuple* rendit lui-même le dernier soupir (1515). Il ne laissait que deux filles, Claude et Renée de France. La couronne passa au comte d'Angoulême, premier prince du sang, issu de Charles V, par la branche cadette d'Orléans. C'était ce brillant monarque qui sous le nom de François premier, *le père des lettres,* allait régner avec tant d'éclat; son esprit, son talent, son courage, sa grandeur d'âme le rendaient digne du trône. Heureuse la France, si à tant de qualités précieuses, il en eût joint d'autres moins enviées mais non moins utiles : l'économie, la modération et la prudence !

Claude, la fille aînée de Louis XII et d'Anne de Bretagne, avait succédé à sa mère dans la possession du comté d'Etampes (1). Cette princesse, née à Romorantin (1499), avait été fiancée, dès l'âge de sept ans, à François comte d'Angoulême (1506). Lorsqu'elle eut atteint sa quinzième année le roi voulut qu'on procédât à la célébration du mariage. La jeune épousée, qui se trouvait à Blois, fut donc mandée à Saint-Germain en

d'une exécution très remarquable. Douze d'entre elles, distribuées pour chaque mois, représentent les opérations agricoles; les autres représentent les fêtes de l'année. Toutes les marges sont ornées de la figure d'une plante avec des insectes. Les plantes sont au nombre de 300 ; et plusieurs d'entre elles ne seraient pas rendues aujourd'hui avec plus de finesse et d'exactitude.

(1) En vertu des lettres-patentes données par le roi à Anne de Bretagne et citées ci-dessus.

Laye (1). Elle prit son chemin par Etampes ; mais la jeune princesse, modeste et timide, refusa pour cette fois toute espèce d'honneurs ; ce passage rapide de Claude de France fut néanmoins pour les habitans d'Etampes la source de quelques bienfaits. Elle avait reçu d'eux, par l'intermédiaire des seigneurs qui l'accompagnèrent, une humble requête qu'elle s'empressa de présenter au roi ; le monarque céda facilement à ses prières, et le jour même du mariage de la princesse sa fille, il accorda à ses vassaux d'Etampes la faveur pour laquelle ils avaient imploré son bienfaisant appui (mai 1514) (2).

Deux années plus tard, Claude de France fidèle à sa promesse revint pour la seconde fois sur les terres de son comté. Alors le roi Louis XII, son père, avait terminé son règne ; François premier était monté sur le trône ; et la jeune comtesse d'Etampes, son épouse, joignait à ce titre celui de reine de France (28 janvier 1516). Les échevins suivis d'une foule d'habitans sous les armes, vinrent à sa rencontre et la reçurent sous un superbe dais qu'ils portèrent eux-mêmes au dessus de sa litière depuis la porte Saint-Martin, jusqu'au château, où elle

(1) Le mariage de Claude de France et de François, comte d'Angoulême, fut célébré à Saint-Germain en Laye, le 4 mai 1514.

(2) Cette faveur consistait, ainsi qu'on l'a déjà vu ailleurs, dans le droit accordé aux habitans d'Etampes de se soustraire à la dépendance des lieutenans du roi, de se construire une maison commune et de régir eux-mêmes librement leurs affaires communales, à l'exemple de tant d'autres bonnes villes du royaume. (Voir tome I, chap. VII, p. 87.) Nous renvoyons à la fin de ce chapitre quelques nouveaux éclaircissemens sur cet objet.

voulut loger. Les rues étincelaient d'une multitude innombrable de flambeaux; mais ce qui réjouit surtout les yeux de la reine, ce fut, dit-on, une compagnie de deux cents petits garçons, portant chacun à la main une banderolle de taffetas ornée de ses armes. Après quelques jours passés à Etampes, elle continua sa route vers Paris, laissant tous les habitans enchantés des qualités heureuses qu'ils avaient reco nnues en leur auguste ouveraine.

Claude de France, dont le règne fut si court et la fin si prématurée, joignait en effet à une piété sincère, une grande douceur, un caractère toujours égal, et surtout une extrême bonté, qui la fit appeler de son temps la *bonne reine*. Son unique soin était de plaire à son époux, et de servir de son mieux Dieu et les pauvres. La douce et modeste devise qu'elle avait choisie, peint d'un seul trait la mansuétude et tout le calme de son âme. C'était une lune en plein avec ces mots : *Candida candidis*. Mais bien différente de sa mère Anne de Bretagne, la jeune épouse de François Ier n'avait point reçu de la nature ces dons extérieurs qui au premier abord séduisent les regards; sa taille était médiocre, les traits de son visage n'avaient rien qui fixât l'attention; et si quelque chose dans sa démarche rappelait la reine Anne, c'est qu'à son exemple elle boitait un peu, sans avoir toutefois comme elle l'art de déguiser presque entièrement ce défaut.

Claude de France, à peine à l'âge de vingt-cinq ans, vit terminer ses jours dans ce même château de Blois, où dix ans auparavant Anne de Bretagne avait rendu aussi le dernier soupir. A sa mort le comté d'Etampes fut réuni au domaine de la couronne (20 juillet 1524). Deux ans après la mort de la reine Claude, François premier fit don du comté d'Etampes à Jean de la Barre, premier gentilhomme de la chambre du roi (lettres-patentes du 13 avril 1526) : l'histoire ne cite rien de remarquable de ce seigneur, qui jouit peu de temps de sa nouvelle possession.

Bien que Claude de France ait été jusqu'à la fin de sa vie comtesse titulaire d'Etampes, la jouissance du comté paraît avoir été pendant quelques années, dans le même intervalle, affectée à messire Arthus Gouffier, comte de Maulevrier, et grand-maître de France, qui en avait au moins l'administration. Son nom se trouve mêlé à quelques faits que nous allons analyser.

On a vu plus haut la concession des priviléges d'un maire et de la construction d'un hôtel de ville accordée par Louis XII, à Etampes, le jour du mariage de sa fille Claude. Par une circonstance singulière, cette concession ne reçut point une exécution immédiate. Ce furent les officiers mêmes du roi à Etampes qui s'y opposèrent, sans doute dans la crainte de voir diminuer leur influence et leur autorité ; le procès renvoyé devant le prévôt de Paris, dura plusieurs années et fut terminé par une sentence arbitrale provoquée par Arthus Gouffier, et rendue malgré lui en faveur de la ville (28 mars 1517). Cette sentence règle dès lors la constitution municipale d'Etampes, lui donne une maison commune, un maire, et quatre échevins élus pour quatre ans par les habitans ou leurs députés, en présence des officiers du comté. Ce n'est guère en effet que vers cette époque qu'on voit le premier magistrat municipal d'Etampes prendre le titre de maire et en exercer les prérogatives. La première élection faite en 1517, donna pour maire à Etampes Jean de Villette, et pour échevins, Jean Poignard, Mace Baudequin, Jean Guétard Drapier, et Jean Gironné. Cet état de choses subit dans la suite diverses modifications que nous essaierons peut-être d'indiquer dans la suite de cet ouvrage (1).

(1) Voir aux Pièces justificatives.

Chapitre seizième.

Hôtel-Dieu. — Collége d'Etampes.

Nous nous sommes jusqu'ici presque entièrement attachés dans ce second volume à présenter quelques détails historiques sur chacun des personnages qui figurent
tour à tour dans nos annales comme souverains du domaine d'Etampes. Il est temps de suspendre cette énu-
mération, et de porter un instant nos regards sur quelques
établissemens utiles qui dans le cours du seizième siècle
florissaient au sein de cette ville. Deux principaux fixe-
ront en ce moment notre attention : ce sont l'Hôtel-Dieu,
et le collége d'Etampes.

1° HÔTEL-DIEU D'ÉTAMPES.

Une ancienne tradition rapporte que dans l'enceinte même de l'église Notre-Dame, à l'extrémité de la nef, et au dessus de la porte du marché, étaient autrefois placés les lits des pauvres malades venus de la ville ou des bourgs environnans. Mais les graves inconvéniens qui résultaient de cette disposition firent songer à construire un bâtiment séparé de l'église. Il fut élevé dans son voisinage, et dans la cour attenant à cette collégiale. On ignore l'époque précise de cette première construction ; quelques raisons portent à croire qu'elle remonte vers la fin du douzième siècle. Cette maison hospitalière fut d'abord nommée l'aumônerie de Notre-Dame (1). Des accroissemens successifs sont venus depuis embellir, agrandir la demeure du pauvre, et ont formé enfin ce vaste Hôtel-Dieu d'Etampes, aujourd'hui possesseur de revenus considérables, qu'il fait servir si dignement au soulagement de l'humanité.

Cet établissement a été desservi long-temps par des frères laïcs; dévoués au service des pauvres, sur lesquels on n'a que de vagues renseignemens. Mais on sait par un contrat du 16 *avril* 1537, passé devant Jean Thibaut et Richard de Bourdelle, notaires royaux à Etampes, qu'en cette année le maître et administrateur de l'Hôtel-Dieu

(1) Voir aux archives de Notre-Dame et à celles de l'Hôtel-de-Ville, plusieurs vieux titres concernant l'Hôtel-Dieu d'Etampes.

(on ignore à quel titre) était messire Jacques de la Vallée, prêtre. Il paraît que sa mauvaise administration, *par suite de laquelle*, dit l'acte, *il serait mort plusieurs pauvres sur le pavé devant l'hôtel-Dieu même, faute de les recevoir et secourir,* aurait excité les plaintes les plus vives de la part des maire et échevins. Ils réclamèrent donc l'administration du revenu temporel de l'Hôtel-Dieu, comme leur appartenant de droit. Après beaucoup de difficultés, elle leur fut cédée par Jacques de la Vallée, sous l'approbation de l'archevêque de Sens ; et depuis cette époque la ville n'a cessé d'être en possession de ce privilége, qui fut confirmé plus tard par diverses ordonnances de nos rois. Les maire et échevins de la ville s'empressèrent d'y établir des religieuses hospitalières de l'ordre de Saint-Augustin. Un ancien auteur remarque ici que pour trouver des servantes des pauvres, point ne leur fut nécessaire de porter leurs regards au loin. « *Ils n'en allè-* « *rent point*, dit-il, *quérir en d'autres villes ; mais* « *il se présenta des filles d'Etampes, qui se vouèrent* « *à ce service* (1). » Des sœurs du même ordre peuplent encore cet asile ; et aujourd'hui comme autrefois, ce sont encore le plus souvent de jeunes filles de la ville qui viennent remplacer dans le séjour des pleurs les vierges chrétiennes qu'on a vues s'envoler au céleste séjour.

La chapelle de l'Hôtel-Dieu d'Etampes fut construite vers l'an 1559, comme l'indique le chiffre placé sur la porte extérieure au dessus de ce verset de l'Evangile,

____

(1) D. Basile Fleureau : Antiq. d'Etampes.

l'un des plus touchans et des plus féconds en œuvres de miséricorde :

Amen dico vobis, quandiu fecistis
Uni ex his fratribus meis minimis, mihi fecistis.

MATTH.

On doit remarquer que ce bel hospice ne reconnaît aucun fondateur particulier ; il fut bâti et agrandi successivement à l'aide des aumônes des habitans d'Etampes ou des environs. Il est juste toutefois de nommer ici l'homme de bien qui, par une donation récente faite à cet établissement, a permis de construire un vaste et beau local pour y recueillir de pauvres vieillards. M. Baugin, en léguant ainsi aux malheureux une riche portion de son patrimoine, a inscrit son nom parmi les bienfaiteurs de l'humanité. L'asile qu'il a fondé est déjà terminé, et déjà chaque jour douze voix de vieillards bénissent sa mémoire, attendant en paix leur dernière heure sous le toit hospitalier qui abrite leurs cheveux blancs, et où des mains amies soulagent leurs infirmités (1).

2° COLLÉGE D'ÉTAMPES.

Le souverain pontife Luce III, en instituant à Etampes le chapitre de Sainte-Croix, lui avait concédé le droit de désigner un maître qui eût la direction des écoles. Cette

(1) Une ordonnance de monseigneur l'évêque de Versailles, en date du 18 septembre 1835, a réglé l'administration spirituelle de *l'asile Baugin*, ou des vieillards.

collégiale en fit usage tour à tour avec celle de Notre-
Dame, qui revendiqua aussi en sa faveur la possession
de ce privilége (1). Telles sont les premières traces que
nous découvrons d'un enseignement public à Etampes.
Ces deux chapitres, dont nous avons longuement parlé
ailleurs, peuvent donc être regardés comme les premiers
instituteurs de la jeunesse. Ils en remplirent ou en dirigèrent ainsi les fonctions jusque dans le cours du seizième siècle.

À cette époque vint s'asseoir sur le trône de France,
François Ier, prince brave et généreux, qui mérita
le glorieux titre de *père des lettres*. Les habitans d'Etampes, connaissant son estime pour les savans, implorè-
rent son appui, afin de construire dans leur ville une
enceinte spécialement consacrée à l'instruction gratuite
de la jeunesse. Ils obtinrent du roi la permission d'employer à cet usage une partie des deniers qu'il leur avait
octroyés pour réparer leurs murailles ; « *Estimant*, dit
« un ancien auteur, *que leur ville serait mieux dé-*
« *fendue par des citoyens bien instruits aux bonnes*
« *lettres, avec la connaissance desquelles l'on ac-*
« *quiert aussi la prudence, que par des murailles et*
« *autres fortifications* (2). » Les rois successeurs de
François Ier secondèrent l'œuvre de ce grand monarque : Charles IX se signala surtout en cette occasion par ses libéralités. C'est à l'aide de ses dons que fut
bâti le grand corps de logis du collége, ainsi que l'in-

(1) Voir tome I, chap. X, p. 137 et suiv.
(2) Antiquités d'Etampes, p. 422.

diquait une inscription gravée sur une tourelle située à l'un des angles de cet édifice (1).

Un revenu annuel de trois cents livres, pris sur les fonds destinés à l'entretien de la léproserie d'Etampes, fut dès lors affecté à celui du collége, dont les habitans de la ville choisissaient à leur gré les professeurs. Cet état de choses subsista jusque vers l'an 1629. A cette époque, ils résolurent, à l'imitation de quelques cités voisines, de se décharger de ce soin important, pour s'en reposer sur une communauté enseignante. Ils appelèrent donc dans leur sein plusieurs membres de la congrégation de Saint-Paul, dits *Barnabites*, et leur confièrent l'éducation de leurs fils Ces religieux s'acquittèrent dignement de leur noble tâche, et jusqu'à la fin du dernier siècle, ils n'ont cessé de poursuivre dans la même enceinte avec zèle et désintéressement leurs paisibles et précieux travaux.

De nos jours le collége d'Etampes, toujours situé dans le même édifice, vers le milieu de la rue Saint-Antoine, est une institution communale, dépendant de l'Université de France. Des professeurs zélés et habiles, choisis dans son sein, y dirigent la jeunesse, comme ses anciens maîtres, dans les droits sentiers de la science et de la vertu. Dans ces derniers temps l'administration municipale s'est efforcée d'y favoriser les études spé-

(1) Cette inscription était conçue en ces termes :

    Caroli noni regis galliarum christianissimi

    In Stampenses scholas beneficentia.

    Munere structa tuo quod habent haec tecta Camenæ;

    Iustitia, ut regnes, et pietate rogant MDLXIV.

ciales au commerce et à l'industrie, auxquels se destine la majeure partie des élèves qui le fréquentent. Des cours particuliers à ses matières y sont établis. C'est un système d'éducation bien entendu dans ce pays, et parfaitement approprié à ses besoins. La ville y consacre sur son budget une somme annuelle à titre de supplément de recette.

Chapitre dix-septième.

Nous voici arrivés à l'époque où le comté d'Etampes,
changeant de titre, va passer des mains royales entre
celles de nobles dames de la cour, dont la beauté seule
aura fait les droits en captivant la faveur du monarque.
Ce n'est pas sans quelque crainte que nous abordons un
pareil sujet. Le chroniqueur spirituel et malin pourrait
ici égayer le lecteur à l'aide de traits piquans ou d'anec-
dotes dont le scandale formerait le principal intérêt.
Pour nous, en nous bornant à recueillir fidèlement les
faits consignés dans l'histoire, nous nous sommes effor-
cés de ne point déchoir de la gravité de l'historien que

nous désirons garder toujours dans nos récits. Au reste nous ne dissimulons point nos regrets sur le changement survenu dans le choix des maîtres du comté d'Etampes. Cette cité presque constamment gouvernée par des princes et princesses du sang royal, ou par des guerriers valeureux, pouvait-elle se trouver flattée de devenir l'apanage de titres si différens? Si le séjour d'Anne de Pisseleu, de Diane de Poitiers dans ses murs, pouvait y attirer les plaisirs et la galanterie, quel bienfait réel et solide pouvait-elle retirer de ces belles personnes, uniquement occupées du soin de maintenir leur faveur? Aussi leur passage à Etampes n'est-il signalé par rien de remarquable pour la contrée, et n'aurons-nous à nous occuper ici que de quelques faits qui leur sont personnels.

Le roi François Ier revenait en France, après sa captivité d'Espagne, lorsque ayant vu parmi les filles d'honneur de Louise de Savoie, sa mère, mademoiselle de Helly, il fut frappé de sa beauté et conçut pour elle un violent amour. Anne de Pisseleu (c'est le nom sous lequel elle figure dans l'histoire) était issue d'une ancienne famille de Picardie (1508); elle brillait alors à la cour de tout l'éclat de la jeunesse, joint à tous les agrémens du corps, et aux plus heureux dons de l'esprit. Elle estimait et recherchait les hommes de science, et lisait avec plaisir leurs ouvrages. Aussi l'appelait-on communément *la plus savante des belles, et la plus belle des savantes.* Les titres de *protectrice, de Mécène des beaux esprits,* ne lui furent pas non plus épargnés; François Ier, trop sensible à tant de charmes séduisans, faillit, se laissa vaincre; et poëte couronné, quittant parfois le sceptre royal pour la lyre du troubadour, il ne dédaigna point d'en tirer de galans accords, en l'honneur de celle dont l'esprit et les grâces avaient charmé son cœur (1).

Mais de simples hommages poétiques ne furent point les seuls dont le roi de France se plut à gratifier la belle Anne de Pisseleu. La mort de Jean de la Barre, dernier comte d'Etampes, avait fait rentrer ce comté dans le domaine de la couronne; François Ier porta sa vue sur ce riant domaine et en fit don à sa favorite (2).

Anne de Pisseleu avait épousé Jean de Brosses, noble ruiné, privé de tous ses biens par suite de la part que son père Réné avait prise à la révolte du duc de Bourbon. Mais François Ier les lui restitua, le décora du collier de l'ordre, et le nomma gouverneur de Bretagne. Jean de Brosses, de pauvre qu'il était, devint riche et puissant, et revendiquant sa part dans le dernier don de la

(1) Parmi quelques monumens de ce genre qui nous sont restés, on me permettra de citer ce joli dizain :

> — Est-il point vrai, ou si je l'ai songé,
> Qu'il est besoin m'éloigner et distraire
> De notre amour et en prendre congé ?
> Las ! je le veux ; et si ne le puis faire.
> Que dis-je ? veux ; c'est du tout le contraire :
> Faire le puis, et ne puis le vouloir ;
> Car vous avez là réduit mon vouloir,
> Que plus tâchez ma liberté me rendre,
> Plus empêchez que ne la puisse avoir,
> En commandant ce que voulez défendre.

(2) Les lettres-patentes délivrées par le roi François Ier en cette occasion, furent données à Chantilly le 23 juin de l'an 1534.

libéralité royale, il ajouta à ses anciens titres celui de *comte d'Etampes*.

Le roi ne borna point là ses faveurs envers la nouvelle comtesse. Deux ans ne s'étaient pas écoulés encore depuis que Jean de Brosses et Anne de Pisseleu possédaient le comté d'Etampes, que déjà le monarque, entraîné par sa passion, l'érigeait en duché en faveur des deux époux (1).

Ce fut alors que les poètes du temps, jaloux de plaire à celle qui maîtrisait le roi, s'empressèrent d'exalter à l'envi, les grâces, la beauté, l'esprit et les talens de la nouvelle duchesse d'Etampes. L'un d'eux, Clément Marot, la confondant dans son admiration flatteuse, avec le gracieux domaine qu'elle avait reçu en don, en vint jusqu'à dire que Jupiter avait transporté la vallée de *Tempé* de la Thessalie *à Etampes, pour y loger de France la plus belle* (2). Tel était l'esprit du temps. Aujourd'hui de semblables hommages poétiques paraîtraient à bon droit fades et ridicules; si la flatterie habite encore parfois au sein des cours, l'esprit humain du moins a plus d'indépendance; et les vrais poètes, gens de cœur et de grave génie, aiment à placer sur un plus noble champ leurs talens et leur gloire.

Anne de Pisseleu, duchesse d'Étampes, parvint au plus haut degré de la faveur; et tant que vécut François Ier,

(1) Voir aux pièces justificatives le titre de l'érection du comté d'Étampes en duché.

(2) Voir ces vers de Clément Marot, au tome Ier de cet ouvrage, note 1, page 188.

elle conserva toujours un grand ascendant sur son esprit. Heureuse encore la France, si cette belle favorite avait su profiter de son pouvoir pour le faire servir aux vrais intérêts du royaume ! Mais il n'en fut point ainsi : elle trahit au contraire la cause du monarque, et paya d'ingratitude ses bienfaits, en révélant à l'empereur Charles-Quint des secrets importans dont la découverte fit battre nos armées. Elle voulait par là, dit-on, s'assurer l'appui de ce souverain, et se ménager une retraite dans ses états, lorsque la mort ou l'inconstance du roi aurait fait évanouir son éphémère puissance.

Le nom de Charles-Quint nous remet en mémoire une anecdote dans laquelle la duchesse d'Étampes joue un rôle important. Cet empereur résolu de passer dans les Pays-Bas, pour soumettre les Gantois révoltés, avait demandé au roi de France la permission de traverser librement son royaume (1539). François Ier, prince loyal et généreux, la lui accorda et voulut encore qu'il fût reçu partout avec pompe et magnificence. Cependant durant le séjour de Charles-Quint à Paris, la duchesse d'Étampes, à l'exemple d'autres courtisans, engageait le roi à profiter de cette occasion favorable pour faire révoquer les dures conditions du traité de Madrid. Mais le prince refusait de prendre un parti qui répugnait à sa noble franchise. Il ne dissimulait pourtant point, en présence de l'empereur lui-même, l'avis important que plusieurs personnes lui suggéraient. « Mon cousin, lui dit-il un
« jour, en lui montrant la duchesse d'Étampes, voilà
« une belle dame qui me conseille de ne point vous
« laisser sortir de Paris, que vous n'ayez révoqué le

« traité de Madrid. — « *Si le conseil est bon*, répondit
« Charles-Quint, sans paraître étonné, *il faut le suivre.* »
L'empereur craignant toutefois que la loyauté de son
rival ne cédât enfin aux instances de la puissante duchesse,
crut devoir la mettre dans ses intérêts. Le lendemain donc,
comme il lavait ses mains avant souper, la noble dame
tenant la serviette, il laissa tomber de son doigt un diamant de grand prix, qu'elle releva aussitôt pour le lui
rendre. « *Duchesse, il vous appartient,* lui dit le mo-
« narque, *il est en de trop belles mains pour que j'ose*
« *le reprendre.* »

Anne de Pisseleu se servit de son crédit à la cour pour
enrichir ses amis et perdre ses ennemis. L'amiral *Chabot,*
dégradé par arrêt du parlement, fut par ses soins rétabli
dans sa charge (1542), et le chancelier *Poyet,* dont elle
croyait avoir à se plaindre, fut privé de la sienne (1545).
Elle s'attacha surtout à combler de dignités les divers
membres de sa famille.

Cependant le moment fatal qu'elle redoutait, ne tarda
point à arriver. François Ier mourut, et avec ce monarque
s'évanouit toute la puissance de la duchesse d'Étampes
(1547). Abandonnée des courtisans, devenue un objet de
mépris aux yeux du roi Henri II, qui l'obligea de lui restituer un diamant de cinquante mille écus provenant des
libéralités du monarque défunt, elle quitta la cour et se
retira dans l'une de ses terres. C'est là qu'elle vécut long-
temps encore, dans un profond oubli et le cœur déchiré
de remords. On dit que dans sa retraite elle embrassa
la religion prétendue réformée, et consacra à opérer des
conversions à cette secte, les revenus des grands biens

qu'elle avait acquis durant le temps de sa faveur (1). Dès l'instant de sa disgrâce, Anne de Pisseleu avait perdu le duché d'Étampes. Henri II, fils et successeur de François Ier, le retira de ses mains. Quelques années après son élévation au trône, ce prince en fit don lui-même à Diane de Poitiers, qui, lorsqu'il n'était encore que dauphin, avait déjà su prendre sur son cœur le plus grand empire (1553).

Diane de Poitiers, duchesse de Valentinois, née en 1499, était fille de Jean de Poitiers, comte de Saint-Vallier, issu d'une ancienne et illustre famille du Dauphiné. La nature prit plaisir à la parer de tous les charmes de la figure et de tous les dons de l'esprit. Après quelque séjour auprès de la duchesse d'Angoulême, mère de François Ier, elle fut placée en qualité de fille d'honneur auprès de la reine Claude, fille de Louis XII ; et à l'âge de quinze ans, elle épousa Jean de Brézé, comte d'Anet et sénéchal de Normandie.

L'un des premiers traits sous lesquels Diane de Poitiers apparaît dans l'histoire, nous la représente humble-

(1) Anne de Pisseleu mourut dans sa retraite vers l'an 1576. Jean de Brosses, ou de Bretagne, avait été privé du duché d'Étampes en 1553 : mais le roi Charles IX étant parvenu à la couronne, concéda de nouveau ce duché au même seigneur pour en jouir deux ans seulement (avril 1562). Au mois d'août de l'année suivante, il lui continua cette jouissance pour le reste de sa vie, *en récompense des bons services qu'il avait toujours rendus à l'état.* (Voir les termes de l'ordonnance.)

ment prosternée sur les marches du trône et sollicitant avec les pleurs de l'amour filial , la grâce d'un père prêt à périr. Le comte de Saint-Vallier, accusé d'avoir favorisé la fuite du connétable de Bourbon, avait été condamné à perdre la tête (1523). L'arrêt fatal allait s'exécuter, lorsque Diane, sa fille, vint, les yeux baignés de larmes, se jeter aux pieds de François Ier et implorer sa clémence. Le roi se laissa fléchir, et plus sensible encore aux attraits de Diane que touché de ses pleurs, il lui accorda la grâce entière du coupable (1). Quoi qu'il en soit des suites imprévues de cette démarche , on aime à reposer sa vue sur ce beau trait d'amour filial, et ce premier tableau , qu'offre l'histoire d'une femme célèbre , ne peut qu'intéresser vivement à ses futures destinées.

François Ier, jusqu'à son voyage d'Italie, conserva toujours en son âme le vif et tendre sentiment que lui avait inspiré Diane de Poitiers. Mais au retour de sa captivité, ce prince avait ouvert son cœur à un autre amour, et la belle Anne de Pisseleu avait su prendre sur lui un empire souverain. Cependant Diane n'avait fait que descendre un seul degré du trône , et déjà elle régnait à son tour puissante et fière sur l'âme de Henri II, fils de François Ier et dauphin de France. Elle était âgée de plus de quarante ans , lorsque le jeune prince , à l'âge de dix-huit, en

(1) Au rapport de quelques historiens le sentiment de la peur fit en cette circonstance une telle révolution sur la tête du pauvre comte , que tous ses cheveux blanchirent subitement en une nuit. On ajoute qu'il éprouva une fièvre très violente , dont il ne put jamais entièrement guérir. C'est de là qu'est venu le proverbe de *la fièvre de Saint-Vallier.*

devint vivement épris. Mais l'on sait, comme nous l'apprennent les historiens, que les grâces et la beauté de Diane furent à l'épreuve du temps, et que, par un singulier privilége, elle jouit jusque dans sa vieillesse des principaux attraits dont le charme s'évanouit d'ordinaire avec les jeunes ans (1).

(1) Au nombre des qualités qu'on remarquait dans Diane de Poitiers, on doit rappeler ici son estime pour la science, et pour les gens de lettres dont elle s'honorait d'être la protectrice. Cette noble dame s'essayait elle-même parfois à manier la lyre ; et, nouvelle Sapho, elle célébrait alors ses amours, gracieuse comme la fille de Lesbos, mais, comme elle aussi, trop libre dans ses mœurs et dans sa poésie.

Nous permettra-t-on de citer un petit échantillon du talent poétique de cette duchesse d'Étampes. Voici comme elle raconte la chute du Dauphin dans les piéges qu'elle tendit imprudemment à son jeune âge et à son inexpérience :

— « Voicy vraisment, qu'Amour un beau *matin*
S'en vint m'offrir flourette très gentille ;
— La, se prit-il, aournez vostre teint,
Et vistement violiers et jonquille
Me rejettoit, à tant que ma mantille
En estoit pleine et mon cœur en pasmoit ;
(Car, voyez-vous, flourette si gentille
Estoit garçon frais, dispos et jeunnet.)
Ains tremblottante et destournant les yeux...
— Nenni... disoi-je. — Ah ! ne serez déçue,
Reprit Amour ; et soudain à ma vue
Va présentant un laurier merveilleux.
— Mieux vault, lui dis-je, être sasge que royne.
Ains me sentis et fraimir et trembler.
Diane faillit ; et comprendrez sans peine
Du quel *matin* je praitends reparler.

    (Manuscrit de la Bibliothèque royale.)

Henri II devenu roi, avoua hautement son amour pour Diane de Poitiers. Il la créa duchesse de Valentinois, ensuite duchesse d'Etampes, et jusqu'à la fin de son règne, il se laissa dominer par l'ascendant qu'elle avait acquis sur son esprit. On peut donc dire que le règne de Henri II fut en quelque sorte celui de Diane. S'il est vrai que ce prince perdit dans le commerce de cette noble dame la rudesse et la férocité que le maniement des armes et les autres exercices violens auxquels il était fort enclin commençaient à lui faire contracter, on doit ajouter qu'il y puisa aussi un esprit de mollesse et de dissipation, le goût du faste et du luxe frivole, et une funeste prodigalité qui obérèrent les finances de l'Etat et préparèrent les malheurs des règnes suivans.

La duchesse d'Etampes était loin cependant d'avoir elle-même les habitudes de vaine délicatesse et de mollesse efféminée qu'on rencontre d'ordinaire chez les personnes de son sexe et de son rang. Elle affectait au contraire de se distinguer entre les femmes de la cour par des goûts mâles et chevaleresques. On rapporte que réveillée tous les jours à six heures, elle montait à cheval, faisait ainsi une ou deux lieues, et rentrait ensuite dans ses appartemens où elle lisait jusqu'à midi. Quelques historiens jaloux de relever les plus minces détails sur cette femme célèbre, ont remarqué que dans les plus grands froids elle se lavait toujours le visage avec de l'eau de pluie, et que jamais dans sa toilette elle ne fit usage d'aucune espèce de parfums ; et cependant ils ajoutent que Diane ne fut jamais malade, et qu'elle conserva jusqu'à la fin de sa vie l'éclat et la fraîcheur de la jeunesse.

Durant les douze années du règne de Henri II, Diane de Poitiers vécut donc en souveraine soit à la cour, soit dans son palais de la ville d'Etampes, où nous irons tout à l'heure chercher des traces de son fréquent séjour. Le jeune monarque, toujours plus épris de sa beauté, avait fait frapper des médailles en son honneur (1). Quelques auteurs prétendent que la belle devise du croissant, avec ces mots : *Donec totum impleat orbem,* qu'avait adoptée Henri II, était un souvenir de son amour pour Diane de Poitiers. Entourée de tant d'honneurs, la duchesse d'E-tampes conservait dans ses manières et ses relations avec le monarque, un caractère de fierté qui lui était comme naturel et qui contribua sans doute à accroître la haine de ses nombreux ennemis. La reine Catherine de Médicis, irritée contre celle qui lui avait enlevé le cœur de son époux, saisissait toutes les occasions d'humilier son orgueil. Mais Diane par son habileté déjouait le plus souvent ses attaques. Cependant quelques fidèles courtisans de Catherine s'efforçaient de consoler leur triste souveraine. Ils ne pouvaient comprendre comment la duchesse d'Etampes avait su prendre tant d'ascendant à la cour : aussi dans un temps où l'on avait une crédulité aveugle pour les prétendus effets de la magie, feignaient-ils devant la reine de croire le roi *ensorcelé*, plutôt que subjugué par les attraits de sa rivale.

(1) On conserve encore quelques unes de ces médailles. Sur l'une des faces, on voit le buste de Diane de Poitiers, avec ces mots : *Diana dux Valentinorum clarissima.* Sur le revers, Diane vêtue en chasseresse, foule aux pieds l'Amour. Autour, on lit ces mots : *omnium victorem vici.*

Mais tout le crédit de la duchesse d'Etampes devait bientôt s'évanouir avec le monarque qu'une fin prématurée allait ravir à la France. Henri II blessé à mort dans un tournoi, voyait presque à la fleur de l'âge, arriver le terme de ses jours (1559). Il respirait encore, quand déjà la foule des courtisans, humblement rangés la veille autour de la belle Diane, s'éloignait d'elle avec mépris. Catherine de Médicis lui fit intimer l'ordre de rendre sur-le-champ les pierreries et les joyaux de la couronne, et de se retirer dans un de ses châteaux. « *Le roi est-il mort?* demanda fièrement Diane au messager de la reine. — « *Non, Madame*, répondit-il, *mais il ne* « *passera pas la journée.* — « *Hé bien*, répliqua-t-elle, « *je n'ai donc point encore de maître. Que mes enne-* « *mis sachent du reste, que quand ce prince ne sera* « *plus, je ne les crains point. D'ailleurs, si j'ai le* « *malheur de lui survivre long-temps, mon cœur sera* « *trop occupé de la douleur de sa perte, pour que je* « *puisse être sensible aux chagrins qu'on voudra me* « *donner.* » — Dès que le roi eut expiré, Diane se vit abandonnée de tous. Le duché d'Etampes fut retiré d'entre ses mains (1); et les Guises, alors tout-puissans, la firent chasser de la cour avec ignominie. L'infortunée se retira dans sa belle maison d'Anet, qu'elle acheva de faire construire. C'est là qu'elle vécut désormais, supportant sa disgrâce avec calme et courage; et toujours aussi fière

(1) Diane de Poitiers fut dépossédée du duché d'Étampes, en vertu de l'édit de révocation des dons et aliénations du domaine, donné par le roi François II, au mois d'août 1559.

dans sa mauvaise fortune, qu'elle l'avait été au sein des honneurs, et dans le palais des rois (1).

Ainsi finit la carrière de Diane, duchesse d'Etampes, célèbre entre toutes les femmes de son temps par sa beauté, son esprit et ses grâces. Quelques historiens, non contens de blâmer en elle la conduite coupable qui déshonora sa vie, l'ont accusée d'actions basses et viles qui terniraient encore sa mémoire. Ils lui ont reproché, par exemple, de s'être enrichie aux dépens du pauvre peuple. D'autres écrivains l'ont jugée plus favorablement, tel fut le chroniqueur Brantôme. Qu'on nous permette de terminer par une citation de cet auteur, tous les détails consignés ici sur Diane de Poitiers. « Je la « vis, dit cet historien, six mois avant sa mort, si belle « encore, que je ne sache cœur de rocher qui ne s'en « fût ému, quoique quelque temps auparavant elle se « fût rompue une jambe sur le pavé d'Orléans, allant et « se tenant à cheval aussi dextrement et dispostement « comme elle avait jamais fait ; mais le cheval tomba et « glissa sous elle. Il aurait semblé que telle rupture et « les maux qu'elle endura, auraient dû changer sa belle « face, point du tout : sa beauté, sa grâce et sa belle « apparence étaient toutes pareilles qu'elles avaient tou- « jours été. C'est dommage que la terre couvre un si « beau corps ; elle était fort débonnaire, charitable et « aumônière. Il faut que le peuple de France prie Dieu

(1) Diane mourut au château d'Anet, en 1569, dans la 67ᵉ année de son âge.

« qu'il ne vienne jamais favorite de roi plus mauvaise que
« celle-là, ni plus malfaisante (1).....»

Non loin de l'église de Saint-Basile d'Etampes et dans
la rue Sainte-Croix, l'étranger s'arrête encore avec plaisir
devant deux maisons dont la forme et les ornemens an-
noncent assez que leur construction date de l'époque de
la *renaissance* de l'art. Ces deux habitations voisines qui
sans doute autrefois se réunissaient en une seule, sont séparées aujourd'hui par quelques bâtimens modernes
parmi lesquels se trouve le presbytère de la paroisse.

Mais en les visitant toutes deux, on aime à y découvrir
de nombreuses traces du séjour qu'y firent les hôtes illustres sur lesquels nous venons de porter nos regards. Cette
enceinte formait en effet jadis le palais des duchesses
d'Etampes ; elle date évidemment du seizième siècle, mais
elle paraît avoir été construite partiellement, et à diverses époques de cette période.

Dans celle des deux maisons qui est le plus rapprochée
de l'église, les lettres D et H entrelacées et sculptées sur
plusieurs des fenêtres qui entourent la cour intérieure,
ne permettent point de douter qu'elle n'ait été l'un des
séjours de plaisance du roi Henri II, et de la belle Diane
de Poitiers, dont ce prince aimait à réunir le chiffre
avec le sien. On peut même inférer de la date 1554,
gravée sur la principale porte d'entrée et sur une des
belles fenêtres en mansarde qui dominent cette cour, que
cette portion du palais a été construite ou du moins res-

(1) Voyez Brantôme.

taurée pour Diane ; c'est en 1553 que le roi lui donna le duché d'Etampes, et sans doute il voulut par de nouveaux embellissemens lui rendre ce présent plus agréable et plus précieux.

La cour, régulièrement bâtie dans le style du règne de ce prince, est entourée de détails gracieux d'architecture. Les chambranles des portes et des croisées, les corniches y sont décorées de figurines et d'arabesques délicatement exécutées. On y remarque particulièrement, au dessus d'une porte cintrée, ornée de deux petites colonnes corinthiennes et cannelées qui servaient probablement d'entrée à une chapelle, un élégant bas-relief bien conservé. Il est composé de treize figures, la Vierge et les douze apôtres ; et il représente la descente du Saint-Esprit sur les premiers pasteurs de l'église chrétienne (1).

La maison que nous décrivons appartient à madame de Bouraine, veuve d'un ancien sous-préfet d'Etampes, qui pendant plusieurs années en avait fait le siége de sa sous-préfecture.

L'autre édifice qui terminait problablement le palais,

______

(1) On doit remarquer que ce bas-relief est surmonté d'un écusson aux armes de Bretagne (champ d'argent parsemé d'hermines). Si ces armes se rapportaient seulement à Anne de Bretagne, duchesse d'Etampes sous Louis XII, et morte en 1514, elles contrarieraient la date de 1554, que nous avons citée plus haut, comme époque probable de la construction de cette maison. Mais ces armes étaient prises aussi par Jean de Brosses, mari d'Anne de Pisseleu, et qui par son origine maternelle se rattachait à la maison de Bretagne. Si donc le bas-relief des apôtres est du temps d'Anne de Bretagne, peut-être aura-t-il été transporté

et qui forme l'angle des rues *Sainte-Croix* et *du Pain*, est d'un style non moins remarquable que le premier, et présente comme lui autour de la cour d'entrée des sculptures délicates et d'un goût charmant sur ses croisées et ses corniches. Au dessus de la porte intérieure se trouve également un bas-relief sculpté avec beaucoup de grâce et de finesse. Le sujet, plus profane, est une danse de génies entrelaçant leurs mains à l'aide de guirlandes. L'un d'eux, placé à l'une des extrémités, joue de la flûte, et semble provoquer la bande joyeuse à une folâtre gaîté.

Dans un des angles de la cour, sur une porte latérale, cintrée et basse, on voit encore dans un médaillon, les restes mutilés d'un buste en relief très saillant, et presque de ronde bosse, dont la pose et les accessoires font reconnaître à l'instant François Ier. La construction de cette maison pourrait donc lui être attribuée ; cette conjecture semble justifiée par le style de son architecture, et surtout par la date de 1538 gravée sur un cartouche, parmi les ornemens délicats et gracieux qui entourent la fenêtre la plus voisine du médaillon. Ce buste fut mutilé, dit-on, dans un passage des Marseillais en 1793.

Une autre tête d'une beauté remarquable, et en fort belle pierre, se détache entièrement de l'un des murs,

après elle de la partie du palais qui n'existe plus dans la maison de Diane ; s'il en est autrement, il est probable qu'il aura été créé et ajouté aux ornemens qui les décoraient, par Jean de Brosses, lequel fut remis en 1562, après la disgrâce de Diane, en jouissance pour sa vie du duché d'Etampes.

presque au dessus du buste de François Ier, et des croisées du premier étage. Il ne serait pas étonnant que ce
fût le portrait de la belle duchesse Anne, à laquelle cet
édifice aurait été spécialement affecté.

Cette seconde maison appartient aujourd'hui à MM. Dupré de Saint-Maur, qui se font un devoir très louable
aux yeux des artistes de la conserver dans toute la
pureté de son remarquable style.

Chapitre dix-huitième.

Étampes sous le règne de François II et de Charles IX. — Suite des ducs et duchesses d'Étampes. — Étampes sous les guerres de la Ligue. — Règne de Henri III. — Henri de Bourbon.

François II, fils aîné de Henri II et de Catherine de Médicis, ne fit qu'apparaître un instant sur le trône (1559). Mais ce règne si court vit éclore tous les maux dont la France portait alors le germe dans son sein. Le duc de Guise et le cardinal de Lorraine son frère, oncles de la jeune Marie Stuart, avaient été placés par elle à la tête du gouvernement; les courtisans du dernier roi perdirent leur crédit, et les princes du sang eux-mêmes demeurèrent dans la disgrâce. Les principaux d'entre eux, Antoine de Bourbon, roi de Navarre, et Louis, prince de Condé, son frère, irrités de leur défaveur, s'unirent à l'amiral de Coligny et aux calvinistes pour abattre la puissance des Guises. On sait combien fut fatale aux conjurés l'issue du complot connu sous le nom de *conjuration d'Amboise*. Quelque temps après, une nouvelle trame fut ourdie par les mêmes chefs ; mais elle ne tarda point à être encore découverte. Or l'histoire remarque que ce fut à Etampes qu'on parvint à retrouver le fil de cette conspiration. Jacques d'Espagne, basque de naissance, et messager ordinaire du prince de Condé, traversait, dit-on, cette ville, chargé de ses ordres pour le vidame de Chartres, lorsqu'il fut arrêté et contraint de tout avouer. Par cette découverte importante le monarque et les Guises échappèrent une fois encore au danger imminent qui menaçait le pouvoir royal et leur puissante autorité (1560).

Charles IX, frère de François II, lui succéda, à peine âgé de dix ans (1560) ; Catherine de Médicis, sa mère, prit en qualité de régente l'administration des affaires du royaume. Ce fut sous ce règne de sinistre mémoire qu'on vit les guerres de religion déployer toutes leurs fureurs, et ces drames sanglans se terminer par la scène fatale de la Saint-Barthélemy. La ville d'Etampes, voisine de la capitale, dut subir les conséquences de cette position critique et avoir une large part dans les malheurs de ces tristes querelles.

Antoine de Bourbon, roi de Navarre, s'était détaché du parti calviniste (1). Il avait pris le commandement

______

(1) Père de Henri IV ; il fut tué au siége de Rouen en 1562.

des armées du roi. Ce prince sachant de quelle utilité était la possession de la ville d'Etampes, pour contenir les rebelles et conserver Paris sous l'obéissance royale, mit dans cette place une nombreuse et forte garnison. On vit alors durant cinq mois environ Étampes transformée en ville de guerre, servir en quelque sorte de boulevart contre les ennemis qui menaçaient d'assaillir la capitale. Le roi avait aussi ordonné d'établir dans son enceinte un vaste magasin de subsistances, soit pour l'entretien de la garnison, soit pour l'usage de son armée, quand elle camperait dans le voisinage. Le maire et les échevins s'étaient conformés à ces ordres. Grâce donc à leur prévoyance, non seulement les nombreuses troupes qui séjournaient dans la ville ne manquèrent jamais de vivres, mais lorsque l'armée royale se rendant de Bourges au siége de Rouen, vint camper à Guillerval, elle trouva encore dans les greniers d'Etampes d'abondantes provisions qui furent pour elle d'un précieux secours (juin 1562).

Cependant le prince de Condé poursuivait le cours de ses entreprises. Pendant que les bataillons de l'armée du roi étaient arrêtés sous les murs de Rouen, il avait accru et fortifié la sienne d'un renfort que d'Andelot avait amené d'Allemagne. Il consistait en neuf compagnies de gens à cheval désignés sous le nom de *Reistres,* et en quelques autres de gens de pied, formant ensemble quatre mille combattans. Se confiant en cet appui, cet intrépide chef était parti d'Orléans et se dirigeait vers Paris, dans le dessein de n'épargner aucun effort pour s'en rendre maître.

Le prince de Condé après quelques jours de marche e trouva aux portes d'Etampes (13 novembre 1562). Il fait aussitôt sommer les habitans de se rendre. Cette place venait d'être dépouillée de sa garnison, que le maréchal de Saint-André avait mandée auprès de lui à Corbeil. Incapable de se défendre seule, elle céda sans combattre; le prince vainqueur entra dans ses murs, puis laissant à Etampes une grande partie de ses troupes, il s'achemina lui-même vers la ville de Corbeil, dont il forma le siége (1). Cette nouvelle garnison, composée de bataillons étrangers, rudes et féroces, séjourna six semaines dans l'enceinte d'Etampes : durant ce temps, elle exerça, dit-on, toute sorte d'excès et de violences. On rapporte que ces cohortes impies profanèrent les églises de la ville, en les faisant servir d'étables à leurs chevaux. Plus d'un siècle après cette époque, une cérémonie publique et expiatoire rappelait encore à Etampes chaque année le souvenir de cette profanation.

Après la mémorable bataille de Dreux gagnée par l'armée du roi, l'amiral de Coligny vaincu s'était enfui vers Orléans avec les débris de ses troupes. L'armée victorieuse attachée à sa poursuite et commandée par le duc de Guise, se dirigea sur Etampes; la seule nouvelle de son approche sur ce territoire, le délivra de la présence funeste de cette garnison étrangère qui pendant six semaines avait écrasé de tout son poids les malheureux habitans.

(1) Le souvenir de cette entrée des troupes du prince de Condé à Etampes s'est perpétué sous le nom de *journée des Reistres*, et par corruption des *Reines*.

François de Lorraine, duc de Guise, venait de périr de la main d'un assassin sous les murs d'Orléans dont
il faisait le siége. A cette époque un traité de paix fut
conclu à Amboise (19 mars 1563) : durant cinq ans
les hostilités demeurèrent interrompues, et la France
affaissée sous le poids des discordes civiles, crut pendant
quelques instans en voir enfin disparaître le fléau.

Mais dès l'an 1567, les hostilités recommencèrent.
Le prince de Condé et l'amiral de Châtillon résolurent de
se porter vers Paris ; à cette nouvelle les habitans d'E-
tampes, avertis par le passé, se mirent en défense et for-
tifièrent de tout leur pouvoir la ville et le château.
Claude de La Mothe, seigneur de Bonnelle, fut envoyé
par le roi pour y commander ; il arriva le 4 octobre, et
le lendemain il fit une revue exacte de toutes ses forces.
Ce brave capitaine n'épargna rien pour mettre la place
qui lui était confiée en état de résister aux attaques des
ennemis : tous ses efforts devaient être inutiles. Bientôt
on vit arriver aux portes d'Etampes un nouveau corps
de troupes commandées par le capitaine Saint-Jean,
frère du comte de Montgomery, l'un des chefs des calvinistes. La ville sommée de se rendre, n'eut garde
d'obéir, et les habitans se disposèrent à soutenir le siége;
mais après quelque résistance la place fut prise par esca-
lade ; alors le château se rendit au vainqueur (octobre
1567).

Les calvinistes signalèrent leur passage à Etampes,
par la destruction sacrilége de quelques pieux monumens qui servaient à l'ornement de la cité. L'histoire
nomme entr'autres la maison et la belle église des pères

cordeliers qui devinrent alors la proie des flammes ; des titres nombreux, de précieux manuscrits rassemblés dans les archives du couvent, furent entièrement consumés. Les religieux chassés de leur demeure se dispersèrent, en attendant que le calme et la paix vinssent rouvrir leur asile dévasté (1).

Cependant un mois plus tard, les troupes du roi, commandées par le connétable de France, ayant remporté une brillante victoire dans la plaine de Saint-Denis (novembre 1567), s'efforçaient de faire rentrer sous l'autorité royale les places sises aux environs de Paris ; Etampes fut l'une des premières vers lesquelles se dirigèrent leurs pas. A leur approche, les religionnaires abandonnèrent la ville pour aller rejoindre le gros de leur armée. Huit jours après, le capitaine Saint-Martin vint tenir garnison à Etampes. D'autres chefs de guerre envoyés par le duc d'Anjou (depuis Henri III), lieutenant général du royaume, s'y rendirent aussi pour étudier ses moyens de défense et y faire construire de nouvelles fortifications. Les habitans se livrèrent volontiers à ces travaux, car, dit un vieil historien, *ils n'avaient rien tant à cœur que de se conserver en l'obéissance du roi, et d'empêcher l'entrée dans leur ville à de si mauvais hôtes que les religionnaires, qui les avaient déjà pillés par deux fois* (2). L'armée royale après avoir campé quelque temps aux environs d'Etampes, se mit en devoir

(1) Voir tome I, p. 173-174, quelques détails sur le couvent des cordeliers d'Etampes.
(2) D. Basile Fleureau.

de secourir Chartres assiégé par le prince de Condé. Sur ces entrefaites, un traité de paix fut conclu à Longjumeau (mars 1568). L'espoir d'un nouvel instant de repos fut alors permis à la France, et à notre malheureuse ville prise et reprise quatre fois par les deux partis depuis l'année 1562.

Cette paix de Longjumeau, dite la *petite paix*, ne dura que six mois ; la même année 1568, vit rallumer la guerre à peine éteinte ; mais heureusement pour les contrées dont nous esquissons l'histoire, elle se porta tout entière au delà de la Loire, dans la Saintonge et le Poitou, où se livrèrent les sanglantes batailles de Jarnac, Moncontour, etc., et notre ville demeura étrangère à ces nouveaux et déplorables événemens.

Elle le fut sans doute également, autant que sa proximité de Paris put le lui permettre, aux horreurs des massacres de la Saint-Barthélemy, et aux suites affreuses d'une semblable perturbation (1572). Du moins l'histoire en citant plusieurs villes du même ordre et entre autres Meaux, où furent rigoureusement exécutés les ordres sanguinaires de la cour, ne fait nulle mention d'Etampes ; et à défaut des archives de l'époque qui n'existent plus, aucune tradition n'a porté jusqu'à nous la présomption que de semblables scènes soient venues souiller ses murs.

Charles IX étant mort sans postérité, Henri duc d'Anjou, son frère, alors roi de Pologne, lui succéda sur le trône de France (1574). Les querelles religieuses et la guerre civile se renouvelèrent dès le commencement du règne de ce monarque. Le prince de Condé qui était allé solliciter du secours en Allemagne, rentra en France avec le duc Jean Casimir, fils de Frédéric comte Palatin ; se trouvant alors à la tête d'une forte armée, il menaçait de ruiner la capitale et le royaume entier, si l'on ne s'empressait de satisfaire à ses demandes. Le roi craignant l'issue d'une bataille, résolut de traiter avec ses ennemis : la reine mère, accompagnée du duc de Montmorency, se rendit dans leur camp et convint avec eux des modifications à introduire dans leurs prétentions ambitieuses (avril 1576). Par un traité dressé à Paris et ratifié par le roi, l'apanage du duc d'Alençon, l'un des principaux chefs de l'armée ennemie, fut augmenté, et le duc Jean Casimir, outre plusieurs autres dons considérables, reçut par un acte de la munificence royale la jouissance du duché d'Etampes (1).

Mais dès l'année suivante, le duc ayant eu à se plaindre de la violation de quelques règles du traité, renonça publiquement à toutes les charges et seigneuries dont le roi l'avait mis en possession. Le duché d'Etampes rentra alors dans le domaine de la couronne ; deux ans après des lettres-patentes du monarque firent passer ce même duché entre les mains de la duchesse de Montpensier (Catherine Marie de Lorraine, sœur du duc de Guise), à qui le roi l'engagea pour une somme de 100,000 fr. (2).

Nous touchons à ces temps de triste et pénible mé-

(1) Cet acte fut dressé et enregistré au parlement de Paris, le 24 mai 1576. (Voyez les ordonnances du parlement.)
(2) Ces lettres-patentes furent données à Paris, le 17 janvier 1579.

moire, où la guerre civile prit en France un nouvel accroissement par la formation de la *ligue,* parti puissant et audacieux, qui faillit ravir le sceptre aux mains des descendans de Hugues Capet. Son but avoué était d'exclure du trône Henri de Bourbon roi de Navarre, engagé par sa naissance dans le calvinisme. Mais s'il est vrai que le zèle de la religion fit entrer et retint dans la *ligue* un grand nombre de ses partisans, on doit reconnaître aussi que beaucoup d'autres furent guidés par de moins nobles motifs. Son principal chef, le duc Henri de Guise, héritier des vertus et des qualités de son père, mais comme lui dévoré d'ambition, avait également des vues secrètes qu'il s'efforçait vainement de dissimuler. Il portait ses espérances jusqu'au trône, et il ne rougit pas de couvrir du manteau de la religion ses criminelles intrigues contre l'autorité du roi.

Ce fut vers l'an 1584 que la *ligue,* après avoir long-temps travaillé dans l'ombre, leva fièrement la tête et se montra au grand jour. Le moment était favorable : le duc d'Alençon alors duc d'Anjou, frère unique de Henri III, venait de mourir, et cette mort dégageait les marches du trône d'un des principaux obstacles qui en défendaient l'accès au chef de la ligue. Bientôt tous les esprits furent en mouvement, et l'on entendit de toutes parts un bruit sourd, présage ordinaire des tempêtes. Henri III au lieu d'étouffer ce colosse naissant qui croissait pour sa ruine, eut l'imprudence de s'en déclarer le chef, et il s'unit avec Henri de Guise, sujet rebelle et ambitieux, contre Henri de Bourbon roi de Navarre, son parent et son légitime successeur. Les

Calvinistes se voyant attaqués prirent à leur tour les armes sous la conduite du roi de Navarre, et la guerre civile reparut en France avec toutes ses fureurs.

Le territoire d'Étampes, toujours compromis par sa position entre Orléans et Paris, devait nécessairement être de nouveau exposé au choc des deux partis rivaux, et à leurs doubles invasions. Dès le mois de mars 1585, les habitans de cette ville restés fidèles au roi, furent avertis qu'un danger pressant les menaçait et qu'il était de leur devoir de veiller à la sûreté de leurs murailles. On se prépara sur-le-champ à soutenir une attaque. Des huit portes de la ville, trois seulement, celles de Saint-Jacques, de Saint-Pierre et de Saint-Martin, demeurèrent ouvertes, les autres furent murées (1). Le château était gardé nuit et jour par de braves habitans choisis par les échevins et qui se relevaient à divers intervalles, sous le commandement du sieur de Blaville, leur capitaine. Henri III, apprenant leur empressement et leur zèle, leur manda qu'il était satisfait de leur fidélité. Il les encourageait en même temps à maintenir dans son obéissance une ville dont la possession lui était si utile, si importante, et surtout à n'y laisser pénétrer aucune sorte d'hommes d'armes sans son exprès commandement (2).

Quelque temps après, le sieur de Chiverny, gouverneur d'Orléans et de la Beauce, ayant invité les gens

(1) Porte dorée, porte du Lion ou du Château, sous la tour de Guinette; porte de la Couronne ou Evezard; porte Saint-Gilles, porte Saint-Pierre sur le pont Quénault.

(2) Cette lettre de Henri III aux habitans d'Étampes est datée du 21 avril 1585. (Voyez le journal du règne de Henri III.)

d'Etampes à lui désigner un homme de probité et de courage, entre les mains duquel le roi pût remettre le commandement de leur ville, ils lui proposèrent un brave gentilhomme nommé *La Mothe Bonnelle,* dont ils avaient déjà apprécié le mérite. Dès que ce seigneur fut arrivé à Etampes, on s'empressa de l'entourer de marques particulières d'estime et de confiance; on le chargea de choisir lui-même les soixante hommes qui devaient veiller tour à tour à la garde du château. Le maire et les échevins furent alors privés de ce droit spécial, que le roi leur avait d'abord accordé.

Pendant un assez long espace de temps, ces précautions furent heureusement superflues; jusqu'en l'année 1589, les habitans d'Etampes n'éprouvèrent d'autres suites de la guerre civile, que de supporter le poids des nombreux passages de troupes qui se croisaient sans cesse et en tous sens sur leur territoire, et sur les routes dont il est coupé.

Ainsi en 1587, le roi Henri III, informé qu'une nombreuse armée étrangère envoyée par les princes protestans d'Allemagne, au secours des religionnaires de France, longeait la Loire pour aller joindre le roi de Navarre et marcher avec lui sur Paris, donna ordre aux ducs de Guise et de Joyeuse d'en arrêter la marche, et vint lui-même le 12 septembre 1587 à Etampes, où il avait donné rendez-vous à toutes ses troupes.

Leurs opérations sur la Loire et dans le pays intermédiaire entre ce fleuve et Paris, n'entrent pas dans le plan de ces *Essais.* Après maints combats où les troupes royales eurent presque toujours l'avantage, sans pouvoir néanmoins forcer cette armée étrangère à rebrousser chemin, elle s'était répandue dans les plaines de la Beauce, jetant par sa seule approche la terreur dans Etampes. Mais toutes les craintes des habitans s'évanouirent à la nouvelle de la ruine des Allemands et des Suisses, mis en déroute complète par le duc de Guise, au village d'Auneau, à cinq lieues de Chartres.

Par suite de cette victoire, ce ramas d'étrangers regagna l'Allemagne, et le duc de Guise rentra glorieusement à Etampes, où il fit rendre grâces à Dieu du succès de ses armes (1).

Mais plus ce succès était éclatant, plus il devait augmenter l'influence du duc de Guise, dont les prétentions ne connurent dès lors plus de bornes. Il obligea le roi à faire avec les chefs de la ligue, à Chartres, une sorte de traité en forme d'édit, ordonnant l'entière extirpation de l'hérésie et faisant à la ligue d'importantes concessions.

Cet édit, solennellement juré en la grande église de Rouen, devait être envoyé dans les bailliages pour être également juré par les habitans. Il le fut par ceux du bailliage d'Etampes, qui se liguèrent (19 août 1588); mais avec quelques restrictions de la part des gentilshommes,

---

(1) Un acte authentique du 2 décembre 1587, dressé par *André Hobier* et *Charles Godin*, notaires royaux à Etampes, constate que la capitulation des Suisses, et leur serment de s'en retourner tranquillement dans leur pays, sous la conduite de Dinteville, capitaine de 50 hommes d'armes, eut lieu dans la plaine de Chalo Saint-Mars, entre la vallée de ce nom et le lieu de Cerceau, et aussi en la plaine de Boinville et du grand Chicheny.

qui déclarèrent ne point obliger leurs biens pour des motifs qu'ils se proposaient de déduire aux prochains états de Blois (1).

Cependant Henri III accablé sous le pouvoir toujours croissant de la faction des Guises, avait permis le meurtre de son chef ambitieux (2). A cette nouvelle, l'irritation des principaux ligueurs dépassa tout ce qu'on aurait pu prévoir. La ville de Paris se déclara la première en rébellion ouverte contre l'infortuné monarque, et s'efforça sur-le-champ d'entraîner dans sa révolte toutes les villes de quelque importance. Le duc de Mayenne, déclaré lieutenant-général du royaume, aux acclamations de tous les Parisiens, mit son premier soin à s'assurer de tous les environs de la capitale, dont il voulait surtout interdire les abords au roi.

Etampes, regardée comme un des points les plus importans, fut promptement envahie par une garnison des troupes de la *ligue*, sous le commandement de François d'Isy, seigneur de la Montagne, nommé par Mayenne gouverneur de cette ville. Toutefois avant de s'y établir,

(1) L'auteur des *Antiquités d'Etampes* cite les noms des nombreux adhérens à la *ligue* que fournit alors Etampes. On n'en retrouve plus qu'une faible partie dans les familles existant de nos jours. Ainsi on remarque dans cette liste les noms suivans : de Veillard, alors bailli et gouverneur d'Etampes, d'Allonville, de Languedoüe, de Saint-Pol, des Rosiers, de Widal, de Poilloüe, Guétard, Levassor, Legendre, Duclos, Hamoys, Godin, Dupré d'Allier, Rigaud, Sureau, Huré, Boivin, Boutevillain, etc., etc.

(2) Henri duc de Guise, et le cardinal de Guise, son frère, furent assassinés au château de Blois, au mois de septembre 1588.

ce capitaine eut quelque résistance à essuyer de la part des officiers du roi et d'une portion des habitans. S'armant alors de sévérité, il fit emprisonner Nicolas Petau, lieutenant particulier du bailliage, ainsi que ses enfans, et voulut également poursuivre le prévôt Audren. Mais les habitans prirent leur défense et refusèrent de recevoir le nouveau prévôt, Simon de Lormes, que la Ligue voulait leur imposer.

Cependant Henri III, proscrit désormais par la ligue, dont il avait eu l'imprudence de se déclarer le chef, fut forcé de se réconcilier avec le roi de Navarre, devenu par la mort du duc d'Anjou, héritier de la couronne. Réunis à Tours, les deux monarques s'y promirent un mutuel concours pour sauver à la maison de France cette belle couronne prête à lui échapper, et se disposèrent à marcher sur Paris avec une nombreuse armée (juin 1589).

Mais la possession d'Etampes devenait indispensable au succès de leur entreprise. La garnison, déjà considérable, venait au bruit de leur approche d'être renforcée par le duc de Mayenne, d'un secours de 200 cavaliers amenés par le seigneur de Pussay à qui le sieur d'Isy céda le commandement de la ville.

Les deux rois, après s'être emparés sur leur route de Gergeau et de Pluviers (Pithiviers), arrivèrent aux portes d'Etampes et se disposèrent à en former le siége. Ils dressèrent une double batterie : l'une sur la colline opposée au château, et l'autre sur celle qui domine la ville du côté d'Orléans. Lorsque la brèche eut paru suffisante, on donna l'assaut : après quelque résistance, la place fut emportée, et le château se rendit (28 juin 1589). Mais Henri III, vainqueur, n'usa point avec clémence et modération de sa victoire. On rapporte en effet que non content d'abandonner à ses soldats le pillage de la ville durant trois jours, il fit mettre à mort tous ceux de ses officiers et des magistrats qui avaient conseillé aux habitans de se défendre contre les troupes royales (1). Quant au baron de Saint-Germain, ancien page du roi, qui s'était jeté dans cette place pour la conserver au parti de la ligue, il fut condamné à être pendu. Mais le duc d'Epernon, son ami, intercéda pour lui et obtint sa grâce. L'histoire, en rappelant ce fait, raconte que ce même duc ayant aperçu un soldat qui profanait par des actes sacriléges l'une des églises de la ville, le tua sur-le-champ de sa propre main.

Durant son séjour à Etampes, Henri III reçut la nouvelle que le pape avait fait publier à Rome un monitoire contre lui. Il apprit en même temps que l'évêque de Meaux, chancelier du duc de Mayenne, le menaçait d'excommunication, si dans le délai de soixante jours il ne rendait la liberté aux prélats qu'il avait fait emprisonner, et n'expiait par quelque acte public de repentir le double meurtre des Guises dont il n'avait pas craint naguère de permettre l'exécution. Ces deux nouvelles causèrent une telle douleur au cœur du monarque, qu'il demeura, dit-on, vingt-quatre heures sans prendre aucune nourriture. Cependant l'archevêque de Bourges, qui se trouvait auprès de lui, s'efforçait de le consoler en lui disant que le pape abusé sur le véritable but de la ligue, n'a-

____

(1) Voy. de Thou, hist.

vait agi de la sorte que par les sollicitations des chefs de ce parti; mais que mieux informé il reviendrait à d'autres sentimens. Quant au roi de Navarre qui se distinguait déjà par ces reparties vives et cette brusque franchise dont il devait donner tant d'exemples sur le trône, cette même nouvelle parut peu l'émouvoir. « Sire., dit-il en riant au « roi de France, croyez-moi, le plus sûr remède c'est de « vaincre. Soyons donc vainqueurs et nous serons absous. « Mais si nous sommes vaincus, nous resterons excom- « muniés, voire même *aggravés* et *réaggravés* plus que « jamais (1). »

Ce fut en cette même année 1589 que Henri III mourut assassiné à Saint-Cloud par Jacques Clément, moine jacobin, dont un fanatisme aveugle avait armé le bras (2). Cet événement laissa la couronne aux droits incontestables du roi de Navarre. Henri IV, prince brave, guerrier intrépide, se mit sur-le-champ en mesure de les défendre contre l'ambition de Mayenne, et l'audace effrénée des ligueurs.

(1) Journal du règne de Henri III, par Pierre de l'Estoile, t. II, p. 198.
(2) 1er août 1589.

Chapitre dix-neuvième.

Henri IV. — Prise d'Étampes par Henri-le-Grand. — Louis XIV.
— Quelques détails sur la fronde.

Henri de Bourbon, surnommé le *Bon Henri* ou Henri-
le-Grand, avait des droits incontestables à la couronne
de France. Mais la religion calviniste qu'il professait
continuant d'être, pour les chefs de la ligue, un prétexte
de la lui disputer, devint pour beaucoup d'autres un
motif réel de se réunir à eux contre leur légitime souverain. Henri soudainement abandonné par une foule de
ses compagnons d'armes et de seigneurs de haut rang,
qui entraînèrent avec eux une grande partie de ses
troupes, fut contraint de lever le siége de Paris. La ligue

ayant ainsi accru ses forces, il ne fut pas difficile au duc de Mayenne, déjà maître absolu de la capitale, d'étendre rapidement son pouvoir au dehors et de s'emparer des points importans qui l'environnaient. Etampes, toujours à cause de son heureuse position, fut l'un des premiers objets de son attention. Il fit donc attaquer encore cette malheureuse ville et la prit de nouveau par une capitulation conclue avec le capitaine Rigault, qui y commandait pour le roi (1589).

Cependant peu de mois après, Henri IV, aidé de quelques troupes fidèles, fit une nouvelle tentative sur Paris ; il s'empara d'une grande partie de ses faubourgs ; mais n'ayant pu se rendre maître de la ville, il s'en éloigna encore à l'approche des nombreux renforts qu'amenait le duc de Mayenne, et se dirigea du côté d'Orléans. Cette retraite ramenant le roi sur la route d'Etampes, il résolut de rentrer en possession de cette place si vivement disputée par les deux partis.

Henri IV établit son armée sous les murs de la ville (4 novembre), et annonça l'intention d'en presser vigoureusement le siége. Mais déjà la plupart des habitans, fatigués de tant de vicissitudes, s'étaient enfuis de leurs demeures, pour ne pas prendre les armes contre leur roi, et avaient abandonné à ses propres forces Alexandre de Castelnau, comte de Clermont-Lodève, jeune seigneur que la ligue avait jeté dans Etampes avec une garnison.

Ainsi délaissé, ce capitaine ne se crut pas assez fort pour résister ; laissant donc l'armée du roi occuper la ville, il se retira dans le château qui fut à l'instant même investi. Le comte de Clermont, après avoir vainement attendu le secours du duc de Mayenne, mit bas les armes et se livra à la générosité de son vainqueur. Il n'eut pas à se repentir de sa confiance : Henri, toujours clément autant que brave, n'exigea que la remise entre ses mains de huit des principaux officiers de la garnison pour y rester jusqu'à la délivrance d'autant d'officiers de l'armée royale faits prisonniers par les ligueurs. Les habitans ne furent imposés qu'à la rançon de deux officiers de l'armée du roi, les sieurs de Vaugrigneuse et de Monroger, dont quelques soldats ligueurs venus de Dourdan s'étaient emparés dans l'hôtellerie des *Mores,* vers la porte Saint-Martin.

C'est à cette époque que remonte la première atteinte portée à cette vaste forteresse, dont la masse et l'antiquité pouvaient sans doute donner quelque illustration à Etampes, mais dont la possession tour à tour convoitée par chaque parti, avait été pour ses habitans une source continuelle de malheurs. Ils sollicitèrent donc comme un bienfait, auprès du monarque vainqueur, la permission de détruire l'immense château qui dominait leur vallée. Henri la leur accorda, avec celle de demeurer pour ainsi dire neutres dans les chances ultérieures de cette guerre, et de veiller eux-mêmes, comme ils l'entendraient, à la défense de leur ville, dans laquelle il ne laissa point de garnison (1).

Ainsi commença la destruction de cet énorme édifice, dont une seule tour, ainsi qu'on l'a vu ailleurs, subsiste

______

(1) Voir pour quelques détails sur les démolitions successives du château d'Étampes, le tome Ier des *Essais*, pages 195 et 196.

encore aujourd'hui, mais dans un état complet de délabrement (1). Cette tour dominant la vallée de la manière
la plus pittoresque, plaît encore à l'œil par les grands
souvenirs qu'elle rappelle, sans exposer désormais la ville
aux suites funestes de son ancienne existence. Toutefois,
les premiers coups dirigés contre le château d'Étampes,
ne ruinèrent guère que ses fortifications et laissèrent
presque intact le principal corps de la forteresse. Nous
retrouverons bientôt dans le cours de notre histoire les
restes de ce castel soutenant de nouvelles attaques ; et,
quoique démantelé, arrêtant encore de nombreux et vail-
lans ennemis. Tel un guerrier vaincu, dépouillé de ses
armes et abattu dans la poussière, semble désormais in-
habile au combat ; mais son attitude fière et menaçante
annonce qu'il est puissant encore et qu'il peut à son tour
glacer d'effroi son vainqueur.

Henri IV ne séjourna que neuf jours à Étampes (du
4 novembre 1589 au samedi 11) (2) ; le petit nombre

(1) La tour de *Guinette.*

(2) La tradition rapporte que ce monarque passa une partie de
ce temps à Brières-les-Scellés , petit bourg à une demi-lieue de
la ville , dans un vieux château dont quelques pierres s'aper-
çoivent encore. Ce fut pendant son séjour à Étampes, qu'un gentilhomme de la reine Louise de Lorraine , veuve de Henri III , vint
lui présenter une requête pour obtenir justice du cruel assassinat
commis sur son époux. La veuve suppliante se plaignait de ce que
la promptitude de la vengeance tirée du meurtrier par les courtisans témoins de son crime avait empêché de découvrir ses com-
plices ; et elle requérait une sévère information. Henri IV assembla
son conseil à Étampes , et la requête de la reine fut envoyée à la
cour du parlement de Tours, qui demeura chargé d'instruire un
procès criminel sur l'assassinat du dernier des Valois.

de ses troupes l'obligeant d'ailleurs de s'éloigner de Paris, où la ligue était trop puissante, il continua sa route vers Orléans. Nous ne le suivrons pas dans le cours de ses triomphes et de ses revers, balancés par mille événemens, au milieu desquels, après plus de quatre ans de fatigues et de combats, il s'ouvrit enfin les portes de sa capitale et vint s'asseoir sur le trône conquis par sa valeur (28 février 1594).

Pendant cette époque, Étampes n'éprouva plus aucune perturbation, du moins la tradition n'en a point conservé le souvenir (1). Cette ville eut sans doute à souffrir sa part des inquiétudes et du malaise que continua à répandre et à entretenir dans toute la France la fin des guerres de la ligue ; mais on ne voit pas qu'elle ait été directement engagée de nouveau dans ces tristes querelles. Aucun événement important de la suite du règne de Henri IV ne nous apparaît comme se rattachant à l'histoire particulière d'Étampes ; félicitons cette contrée de l'heureuse obscurité dont après tant d'orages elle put enfin goûter les douceurs.

Cette tranquillité ne fut guère troublée sous le règne de Louis XIII (de 1610 à 1643). Mais ce repos si tardif dont venait de jouir pendant un demi-siècle la vallée d'Etampes, lui fut ravi de nouveau lors des troubles qui signalèrent la minorité du roi Louis *le Grand*.

Le règne de Louis XIV commençait à briller d'un vif

---

(1) Les documens écrits de cette époque manquent totalement aux archives particulières d'Étampes.

éclat. Les journées de Rocroy, de Fribourg, de Nort-
lingue et de Lens avaient ouvert dignement l'une des
époques les plus glorieuses de nos annales. Mais tandis
que de nobles lauriers ombrageaient ainsi le berceau
d'un monarque encore enfant, des orages menaçans gron-
daient autour de lui. Pendant la régence de la reine-
mère Anne d'Autriche, le cardinal Mazarin, premier
ministre, s'était rendu odieux aux princes et aux seigneurs. Né italien et nourri dans les intrigues, il était
souple, dissimulé, et il avait entrepris d'arriver au faîte
du pouvoir par ruse et par adresse, comme le fier Ri-
chelieu y était parvenu par la force et la terreur. Mais
la jalousie des grands s'efforça d'abattre sa puissance. Le
parlement de Paris comptait dans son sein les ennemis
les plus ardens du ministre. Le peuple de la capitale
animé par leurs plaintes se rangea de leur côté, et l'on
vit ainsi se former et grandir cette faction audacieuse
dite de *la fronde*, qui fut pendant plusieurs années une
occasion nouvelle de troubles et de combats (1648–
1649).

Le prince de Condé qui s'était signalé naguère par son
courage et sa fidélité, ne tarda pas à tourner les armes
contre son roi, et à se déclarer l'un des principaux soutiens
de *la fronde* (1651). Mais à ce guerrier rebelle, le monarque sut opposer un illustre capitaine, son émule en
bravoure et digne de se mesurer avec lui sur le champ
de bataille : c'était le maréchal vicomte de Turenne !

Les divers événemens qui se rattachent à ces fâcheuses
querelles sont étrangers à notre sujet. Mais les chances
de la guerre ayant amené l'armée de *la fronde* à Etam-

pes, cette ville forte fut encore le théâtre d'un choc des plus sanglans, sur lequel nous devons arrêter un instant les regards du lecteur.

Le jeune roi Louis XIV, contraint de quitter Paris avec sa cour, se trouvait à Gien (1652). Le prince de Condé entreprit de s'emparer de sa personne, et son projet audacieux aurait peut-être été suivi de succès, si le vicomte de Turenne n'était arrivé avec un corps de troupes sur le champ de bataille de Blénau, au moment où l'armée royale commençait à plier. Il sauva le roi par cette victoire, et ferma aux combattans du parti de *la fronde* le chemin de la capitale.

Contrarié dans son dessein, le prince de Condé se rendit à Paris, pour y entretenir le zèle de ses partisans ; de là il dirigea son armée sur Etampes, afin de s'assurer de tous les avantages de communications et d'approvisionnemens attachés à la possession de ce poste important. Ce fut à Jacques de Saulx, comte de Tavannes, qu'il confia le soin de s'emparer de cette ville : celui-ci exécuta ses ordres et se présenta à la porte Saint-Pierre d'Etampes. Après quelques négociations inutiles et quelques tentatives de résistance de la part des habitans, l'armée de *la fronde* força l'entrée du faubourg, et se rendit maîtresse à main armée de cette place (avril 1652). Cependant le vicomte de Turenne suivait de loin toutes ces manœuvres, et il se disposait à une attaque vigoureuse contre les ennemis.

Mademoiselle d'Orléans, princesse de Montpensier, fortement attachée au parti de *la fronde,* se trouvait alors à Orléans, s'efforçant de maintenir cette cité dans le parti des princes. Ayant appris que le roi s'était rendu à Saint-Germain en Layé, et qu'il était question d'un accommodement, elle prit sa route vers Paris ; elle arriva à Étampes le second jour de mai et s'arrêta quelques jours dans cette ville, attendant un passeport de la cour. La veille de son départ elle manifesta le désir de voir l'armée du comte de Tavannes rangée en bataille. On s'empressa de la satisfaire, malgré l'avis prudent de quelques officiers qui redoutaient une attaque soudaine et imminente. L'armée reçut donc l'ordre de se mettre sous les armes : au point du jour, elle déploya fièrement toutes ses phalanges, en dehors des murs, au pied de la colline de *Guinette*. La princesse témoigna hautement sa satisfaction à la vue du brillant spectacle que lui offrait la présence de dix mille guerriers, bien équipés, bouillans d'ardeur et prêts à combattre vaillamment. Mais cette vaine parade eut de tristes résultats, et la fête militaire commencée dans la joie se termina dans le sang et le carnage.

Le vicomte de Turenne et le maréchal d'Hocquincourt, chefs de l'armée royale, après avoir traversé la forêt de Fontainebleau et la Ferté-Aleps, étaient venus camper à Châtres-sous-Montlhéry. Ainsi placés, ils ôtaient au comte de Tavannes toute communication avec la capitale, et ils observaient avec un soin vigilant tous les mouvemens de l'armée ennemie.

Turenne et d'Hocquincourt eurent donc avis le jour précédent que l'armée des princes arrêtée à Étampes, se préparait à déployer sous les murs de la ville tous ses bataillons. Ils jugèrent alors que ces troupes n'ayant point été au fourrage depuis deux jours, ne manqueraient point de s'y rendre aussitôt que mademoiselle d'Orléans serait partie. L'occasion leur parut favorable : ils résolurent de fondre sur elles à l'improviste lorsqu'elles se croiraient dans une parfaite sécurité. Ils partirent sur-le-champ, et après avoir fait rouler leurs caissons et marcher leurs régimens toute la nuit dans les chemins creux de Villeconin et Saudreville, ils arrivèrent au point du jour dans la plaine située entre les villages de Boissy-le-Sec et de Chesnay. Là, les troupes se rangèrent en ordre de bataille, et elles continuèrent leur route durant plus d'une lieue et demie jusqu'à l'extrémité la plus voisine du faubourg qu'ils voulaient attaquer.

Chapitre vingtième.

Siége d'Étampes par l'armée royale sous le commandement de
Turenne. — Peste à Étampes. — Saint Vincent de Paul.

Le 4 mai 1652, au point du jour, Turenne suivi de
ses troupes arriva aux portes d'Etampes. L'aspect inattendu de cette armée jeta le trouble et l'effroi dans celle
du comte de Tavannes ; elle se replia précipitamment vers
les murs de la ville ; mais plus prompt que l'éclair, Turenne s'est élancé à sa poursuite, et dans un instant il a
joint les bataillons ennemis surpris de le voir aussi près
d'eux. L'action s'engage aussitôt dans le faubourg et devient très meurtrière (1).

(1) **Hist. de Turenne.** — Les mémoires de Turenne et ceux du
duc d'York vont être nos principaux guides dans le récit des
faits que nous avons à décrire. Nous emprunterons aussi quelques

Parmi les guerriers qui combattaient alors sous les ordres de Turenne, on remarquait un jeune prince âgé de dix-huit ans, qui, bien qu'étranger sur notre sol, servait dans les rangs de nos armées en qualité de volontaire : c'était le duc d'York, héritier du royaume de la Grande-Bretagne. Charles Ier, son père, était tombé sous la hache régicide, et lui, proscrit, fugitif, était venu avec la reine Henriette sa mère, et son frère Charles, demander un asile à la France. Ce jeune rejeton de la race infortunée des Stuarts, déjà rempli d'admiration pour Turenne, avait sollicité la faveur de combattre à ses côtés, afin d'apprendre à son école le métier de la guerre. Il avait suivi le maréchal jusque sous les murs d'Étampes, et il le seconda vaillamment dans le siége de cette ville. Ce brave guerrier a décrit lui-même dans d'intéressans mémoires les diverses particularités du combat et de l'attaque dont il avait été le témoin et l'un des principaux acteurs. Nous lui emprunterons quelques pages qui serviront à éclaircir et à revêtir d'une couleur plus vive cette partie de nos écrits.

« Étampes est située dans un fond : une petite rivière

détails à un mémoire manuscrit rédigé par un notable habitant d'Étampes, qui fut témoin oculaire des événemens qu'il raconte. Ce curieux document nous avait été confié par M. de Barville, vénérable vieillard presque nonagénaire. L'auteur de ces *Essais historiques*, réduit à déplorer sa perte récente, regrette de ne pouvoir restituer aujourd'hui ce manuscrit à celui là-même de qui il l'avait reçu; comme aussi de ne pouvoir offrir la seconde partie de son travail à l'aimable et savant vieillard qui avait accueilli avec tant de bienveillance le premier volume de cet ouvrage.

coule le long de ses murailles, et va tomber dans la Seine
à Corbeil; le côté de la ville et du faubourg qui est sur
la droite en venant de Châtre, est commandé par une
petite hauteur, dont toute la plaine se peut découvrir
du haut d'une tour ronde des plus élevées qui se voient;
les murailles sont flanquées de petites tours qui ne sont
point à l'épreuve du canon; elles ne sont entourées que
d'un fossé sec du côté de Châtre; le faubourg vers Orléans
est environné de la rivière et d'un ruisseau qui se joignent
à la porte d'Orléans, par laquelle seule la ville peut avoir
communication avec ce faubourg. Les ennemis y avaient
neuf régimens d'infanterie, entr'autres ceux de Condé,
de Conti et de Bourgogne, les troupes auxiliaires des
Pays-Bas, et environ cinq cents chevaux. Ils s'y étaient
retranchés à la faveur du ruisseau, qui couvrait tout un
côté à la réserve d'un petit espace près de la porte où ils
avaient élevé une bonne ligne.

« L'infanterie de l'armée du roi attaqua les ennemis
en arrivant; l'infanterie de M. d'Hocquincourt, qui avait
la droite, fit son attaque du côté du ruisseau; elle marcha
jusqu'au bord, essuyant le feu des ennemis; mais des
officiers l'ayant sondé avec leurs piques et trouvé plus
profond qu'on n'avait cru, on se retira en bon ordre et on
marcha un peu plus haut vers un moulin.

« M. de Turenne fit attaquer par M. de Gadagne,
lieutenant-colonel du régiment de la marine, près de la
ville à la gauche, qui n'étant défendue que d'une ligne
fut emportée sans beaucoup de résistance.... On fit im-
médiatement après des barricades au travers de la rue,
vis-à-vis la porte : M. de Turenne fit entrer par là toute

son infanterie, qui fit des passages à la cavalerie, à la tête de laquelle entra le maréchal d'Hocquincourt. Mais il était venu avec tant de précipitation, qu'il oublia de donner ses ordres au reste de son aile, tellement qu'elle suivait tout entière dans le faubourg, si M. de Turenne s'en étant aperçu, ne fût allé les arrêter tous, à la réserve de deux ou trois des premiers escadrons qui étaient déjà entrés. Il leur ordonna d'aller occuper la hauteur où sa cavalerie était postée..... »

« — Cependant le régiment de Picardie avec le reste de l'infanterie de M. d'Hocquincourt, passa le ruisseau au moulin, attaqua les ennemis vigoureusement qui se défendirent de même, et après avoir été forcés, firent ferme de muraille en muraille, et de poste en poste. D'un autre côté, l'infanterie de M. de Turenne ayant achevé sa traverse contre la ville, tourna à droite, et attaqua en flanc le régiment de Bourgogne qui défendait sa ligne : mais quoique l'attaque fût des plus violentes, et que le canon les désolât, ils disputèrent opiniâtrément toutes les murailles qui servaient de clôtures aux jardins, dont les derrières aboutissaient à la ligne... Ce fut là où leur résistance fut si vigoureuse, qu'ils chassèrent les attaquans des murailles qu'ils avaient gagnées, les repoussèrent si loin, et les mirent dans un si grand désordre, que sans le régiment de Turenne qui arrêta leur impétuosité, et donna le temps aux autres de se rallier, on courait risque de perdre tout l'avantage qu'on venait de gagner : mais l'effort des ennemis ayant été soutenu, on les poussa derechef de muraille en muraille, jusqu'à la dernière, où reprenant vigueur, ils repoussèrent une seconde fois les attaquans dans un enclos voisin, et en firent un grand carnage.

« — On les avait poursuivis la dernière fois avec trop d'ardeur et si peu d'ordre, que les cavaliers et les fantassins étaient pêle-mêle. Les ennemis ne poussèrent pas plus loin leur avantage ; ils se contentèrent d'avoir conservé leur dernière muraille, pendant que les attaquans se rallièrent à l'abri de celle qui était la plus proche ; de sorte qu'il resta un enclos entre deux : on se contenta pour un temps de faire grand feu de part et d'autre. Le duc d'York qui était présent à cette chaude attaque, y vit un officier des ennemis nommé Dumont, qui était major de Condé, entreprendre une action capable d'arrêter le cours de cette victoire, s'il eût été soutenu : il sortit de son rang la pique à la main ; et s'avançant vingt pas, qui étaient la largeur de l'enclos, il s'exposa à tout le feu des attaquans : mais n'étant suivi de personne, il fut contraint de se retirer. Il fit jusqu'à trois fois cette dangereuse manœuvre sans recevoir la moindre blessure ; elle donna de l'émulation aux troupes du roi. Il était dangereux d'aller droit à la brèche ou à l'ouverture qui était défendue par tant de braves gens. Un officier dont on a oublié le nom, sortit de l'ouverture de la muraille que les attaquans occupaient ; et à la vue des ennemis, s'avança jusqu'à celle qu'ils défendaient : il fut suivi d'autant des siens qui purent se mettre à couvert du feu. L'enclos était étroit et il n'y avait plus qu'une muraille entre les deux partis : il se fit là une manière de combat singulière. La muraille étant bâtie de grosses pierres, on se les roulait les unes sur les autres ; et elle commen-

çait à diminuer considérablement, lorsque les troupes
du roi ayant reconnu une petite hauteur d'où on pouvait
battre les ennemis à revers, on tira sur eux si à propos,
que se voyant attaqués en flanc et de front, et la place
n'étant pas tenable, ils abandonnèrent leur dernière muraille, et se retirèrent dans une église voisine, où le
régiment de Picardie avait aussi poussé ceux qu'il avait
attaqués : ils ne pouvaient pas s'y défendre, et demandèrent quartier, qui leur fut accordé. Leur cavalerie passa
le ruisseau, et se sauva après avoir perdu le baron de
Briole qui la commandait, et le comte de Furstemberg,
qui furent tués.

« — Pendant qu'on combattait dans le faubourg, les
ennemis qui étaient dans la ville firent quelques sorties
pour forcer la barricade, et poussèrent si vivement les
troupes du roi, que si M. de Turenne ne s'était avancé
lui-même pour les soutenir, avec un escadron de sa cavalerie, la barricade courait grand risque d'être emportée. Tout dépendait de ce poste, dont la perte aurait
entraîné la défaite entière des troupes qui étaient actuellement aux mains dans le faubourg ; mais le secours
que M. de Turenne donna si à propos, les munitions qu'il
fit distribuer, et la fermeté de M. de Gadagne rendirent
inutiles les efforts des ennemis, qui firent encore deux
autres sorties, où ils furent repoussés avec perte.

« — Des neuf régimens d'infanterie que les ennemis
avaient dans ce faubourg, à peine se sauva-t-il un homme :
il y en eut neuf cents de tués, et dix-sept cents prisonniers. Les principaux de ces derniers furent Briole, maréchal-de-camp ; Montal qui commandait le régiment de

Condé; Dumont, major du même régiment, qui s'était distingué avec tant de bravoure à l'attaque de la dernière muraille; le baron de Berlo, maréchal de bataille; Vanga Pleur, La Motte. L'armée du roi perdit au moins cinq cents hommes : le jeune comte de Quincé reçut un coup de mousquet au travers du corps, et le comte Carlo de Broglio, un dans le bras, dont ils guérirent tous deux — (1). »

Sur le soir, l'action étant finie, le maréchal d'Hocquincourt et Turenne, contens d'avoir montré ce que pouvait tenter l'armée royale, songèrent à revenir vers Étréchy. D'Hocquincourt partit le premier avec la tête de l'armée. Turenne qui ne rassemblait qu'avec peine ses soldats dispersés et occupés à piller le faubourg, ne put le suivre sur-le-champ avec l'arrière-garde ; ce retard faillit lui être funeste. Les ennemis attaquèrent ses troupes pendant qu'elles se retiraient en désordre, embarrassées dans leur marche par un grand nombre de prisonniers ; le maréchal, voyant le danger qui les menaçait, revint sur ses pas avec un corps de cavalerie et parvint à les dégager. Il se hâta ensuite de gagner Étréchy où il joignit d'Hocquincourt ; le lendemain toute l'armée se dirigea vers Châtre (Arpajon) et reprit les positions qu'elle avait quittées deux jours auparavant (2).

Ce combat important livré dans l'un des faubourgs d'Étampes, avait eu lieu le 4e jour de mai; et le 27 du

(1) Mémoires du duc d'York, livre I, an. 1632.

(2) Histoire de Turenne. — Mémoires MS. du duc d'York. — Mémoires de Turenne.

même mois Turenne, à la tête de dix mille hommes, reparut encore aux portes de la ville. Cet habile capitaine savait que toutes les forces du prince de Condé, en deçà de la Loire, étaient réduites aux seules troupes renfermées dans Étampes où le fourrage commençait à manquer; il avait donc résolu de bloquer cette place et de s'en rendre maître, soit par la famine, soit en livrant un nouveau combat aux assiégés, s'ils osaient faire quelques sorties. Trois guerriers d'un courage éprouvé se trouvaient alors dans la ville; le comte de Tavannes commandait les troupes de Condé, Valon, celles du duc d'Orléans, et Clinchamp, les Espagnols. Mais la mésintelligence et la jalousie qui régnaient entre eux, occasionnaient de fréquentes disputes, dont la prudence du vicomte savait toujours tirer quelque profit.

Au premier bruit de l'approche de l'armée royale, les chefs ennemis firent raser tous les édifices qui avoisinaient les murailles, tant au dedans qu'au dehors de la ville. Le pieux historien des *Antiquités d'Étampes* remarque à ce sujet que, *ceux qui entreprirent d'abattre la chapelle de Saint-Jacques de Bedegon, furent par un effet visible de la divine justice écrasés sous ses ruines.* (D. Fleureau, p. 275.) Le comte de Tavannes fit mettre le feu dans les faubourgs, et tous les officiers appliquèrent leurs soins à fortifier la ville. Les chefs de l'armée contraignirent les habitans de porter leurs armes à l'Hôtel-de-Ville, pour les distribuer à leurs troupes. Ils se saisirent des greniers à sel et à bled; et tandis qu'ils tenaient *aux Cordeliers* leurs magasins de vivres, ils avaient renfermé leurs poudres et autres munitions de guerre dans l'église de Sainte-Croix.

Cependant le prince de Condé redoutant vivement l'attaque de Turenne dont il connaissait la bravoure et le mérite, pressait l'archiduc Léopold, alors gouverneur des Pays-Bas, de lui envoyer promptement du secours. Le vicomte, durant ce temps, hâtait de tous ses efforts les opérations du siége. Quelques escarmouches avaient déjà eu lieu le lundi 27 mai, sur la colline de *Mâchefer* et sur celle de *Guinette,* où Turenne, qui s'en était rendu maître, avait fait placer quelques pièces de canon. On en fit usage pour battre la vieille tour du château; mais la solidité de ses murailles rendit leurs coups inutiles.

Les jours suivans les attaques continuèrent. Quelques sorties des assiégés occasionnèrent de nouveaux combats où de part et d'autre on éprouva de grandes pertes. Le jeudi 30 mai, jour de la Fête-Dieu, ils firent du côté de la *porte dorée* une sortie générale, dont le résultat leur fut plus funeste encore; près de trois cents des leurs demeurèrent sur le champ de bataille : parmi eux on compta le marquis de la Londe, dont la perte fut universellement regrettée.

Le samedi 1er juin, Turenne voulant tenter un assaut décisif, avant l'arrivée des troupes attendues par les assiégés, étendit son camp du côté du quartier Saint-Martin. Il fit dresser deux batteries contre la porte qui séparait la ville de ce faubourg (1). Les assaillans engagèrent une vive attaque contre la demi-lune construite en avant de

____

(1) A l'entrée de la rue du *Haut pavé,* près l'*Ecce homo.*

cette porte , laquelle fut prise et reprise jusques à trois fois. Enfin elle fut abandonnée par les troupes de l'armée royale. Dès que les assiégés s'étaient aperçu qu'elles se dirigeaient du côté de Saint-Martin , ils avaient fortifié de leur mieux ce poste important ; ils avaient démoli les maisons situées près de la porte et construit des retranchemens derrière les murailles. Lorsque Turenne les somma de se rendre , en les menaçant de ne point faire de quartier , ils répondirent fièrement qu'ils étaient prêts à recevoir l'assaut et qu'eux-mêmes ne donneraient point de quartier à l'ennemi. Ils avaient sur-le-champ pris les armes et placé autour de la brèche que le canon avait faite à la courtine , cinq cents cavaliers armés de faux emmanchées à l'envers.

Quelques-uns des principaux seigneurs du parti du roi combattirent vaillamment à ces divers assauts , où périt un nombre d'hommes considérable. Le jeune duc d'York , frère du roi d'Angleterre , s'y était trouvé présent ; près de lui Schomberg , brave volontaire , et le chevalier de la Vieuville , furent blessés grièvement. Du côté des assiégés , on eut à déplorer la perte du marquis de l'Échelle , commandant du régiment de Valois , et celle de quelques autres braves capitaines (1).

(1) Parmi les habitans d'Étampes qui prirent part au siége de cette ville dans les troupes royales , un titre d'anoblissement que l'auteur de ces *Essais* a eu entre les mains , cite dans les termes les plus honorables Isaac de Foudrier , sieur de Boirveaux , qui plus tard, sous le règne de Louis XIV , se distingua également dans un grand nombre de siéges et d'attaques énumérés dans le même titre.

La vive résistance du faubourg Saint-Martin semble être le fait le plus mémorable de ce dernier siége d'Etampes. Il avait déjà duré treize jours, pendant lesquels les assiégés avaient fait vingt-deux sorties. Il aurait sans doute continué encore, si des ordres venus de la cour n'avaient obligé Turenne de s'éloigner des murs d'Etampes, au moment où la disette de vivres et de fourrages se joignant à la vigueur des assauts, allait sans doute mettre la ville en son pouvoir.

Les mémoires du temps rapportent que vers la fin de mai, Louis XIV, alors âgé de treize ans, partit de Melun sous la conduite du cardinal Mazarin, et se rendit au camp devant Etampes, afin de réveiller par sa présence l'ardeur guerrière des combattans. Il logea, dit-on, au château de Brières-les-Scellées, à une demi-lieue de la ville. Le roi fit demander une trève aux commandans de la place, mais ils refusèrent de l'accorder (1). Or un jour que le jeune monarque voulait passer d'un quartier dans un autre, il dépêcha le sieur de Sainte-Marie, lieutenant de ses suisses, vers le comte de Tavannes, pour le prier de ne point faire tirer le canon pendant qu'il passerait près de la ville. « Le comte de Tavannes, dit un histo-
« rien contemporain, se souvenant qu'une affaire pareille
« l'avait pensé faire périr dans Seurre, fit le malade et
« envoya à Sainte-Marie un allemand qui n'entendait
« pas le français ; ils ne s'entendirent pas l'un l'autre,
« et se séparèrent ainsi ; et le roi en passant, fut salué

(1) Mémoires de Jacques de Saulx, comte de Tavannes.

« de plusieurs volées de coups de canon... (1) » Quelques boulets passèrent tout auprès de la personne du monarque, qui ne parut point s'en émouvoir. Comme tout le monde le félicitait le soir sur son courage, il demanda à Delaporte, son premier valet de chambre, qui s'était trouvé auprès de lui, s'il n'avait point eu peur des canons : « Je lui répondis que non (dit Delaporte, qui
« nous a transmis lui-même ces détails), et qu'ordinai-
« rement on n'avait point peur quand on n'avait point
« d'argent. Il m'entendit bien et se prit à sourire : mais
« personne n'en devina la cause. Le roi voyait quantité
« de soldats malades et estropiés, qui couraient après
« lui, demandant de quoi soulager leur misère, sans
« qu'il eût un seul douzain à leur donner ; de quoi tout
« le monde s'étonnait fort (2). »

(1) Mémoires de François de Clermont, marquis de Montglat, t. III.

(2) Mémoires de Delaporte, premier valet de chambre de Louis XIV.

Les mémoires de Delaporte contiennent sur ce même sujet quelques autres détails qu'on sera peut-être bien aise de voir reproduits dans cette note : « — De Saint-Germain, dit-il, nous
« retournâmes à Corbeil, et de là le roi alla au siége d'Étampes.
« S. M. se leva de grand matin, sur ce que M. le Cardinal lui avait
« dit qu'à cause des grandes chaleurs il fallait partir de bonne
« heure ; et cependant le vigilant personnage dormit encore deux
« heures après que le roi fut levé.

« J'étais allé déjeuner lorsqu'on vint me dire que le roi me de-
« mandait. Je m'en allai le trouver, et m'étant enquis auprès de S.
« M. de ce qu'elle désirait, elle me dit qu'elle m'avait fait appeler
« pour me donner cent louis d'or que M. de la Vieuville, alors
« intendant des finances, lui envoyait, tant pour ses menus plai-

Turenne ayant reçu des ordres de la cour qui le pressaient de diriger ses armes contre le duc de Lorraine, leva donc le siége d'Etampes, avec le regret de voir échapper de ses mains une conquête prête à couronner ses valeureux efforts.

Deux jours après, le comte de Tavannes reçut également du prince de Condé l'ordre de rassembler toutes ses troupes et de marcher vers Paris. L'armée des princes sortit d'Etampes et s'en vint coucher à Étréchy le *Larron,* d'où elle reprit son chemin vers la capitale.

« sirs que pour en faire des libéralités aux soldats estropiés. Il me
« dit qu'on les avait mis dans ses poches; mais qu'ayant la botte
« haute, il aurait peine à les garder. Je lui dis qu'ils étaient aussi
« bien dans ses poches que dans les miennes : mais cela ne se
« trouva pas vrai dans la suite.

« Comme Moreau, premier valet de garde-robe, avait avancé
« onze pistoles pour des gants qu'il avait achetés à Saint-Germain
« pour S. M. et par son ordre ; quand il vit que le roi avait de
« l'argent, il me pria de le lui demander, et de lui dire que.....
« tout le monde avait besoin de son petit fait : ce que je lui pro-
« mis.

« De Corbeil nous allâmes coucher au Ménil-Cornuel... Quand
« le roi fut couché et que tout le monde se fut retiré, je lui dis
« ce que Moreau m'avait chargé de lui dire ; à quoi il répondit
« tristement qu'il n'avait plus d'argent. Je lui demandai s'il avait
« joué chez M. le Cardinal, il me répondit que non ; et plus je le
« pressais pour savoir ce qu'il en avait fait, et moins il avait envie
« de me le dire. Enfin je devinai, et lui dis : N'est-ce point M. le
« Cardinal qui vous a pris votre argent? — Il me dit oui, mais
« avec un chagrin si grand qu'il était aisé de voir qu'il ne lui
« avait pas fait plaisir de lui prendre son argent, et moi de lui
« demander ce qu'il en avait fait. » — (Mémoires de Delaporte,
premier valet de chambre de Louis XIV, p. 284 et suiv.)

Ainsi après un siége opiniâtre et sanglant, les habitans d'Etampes virent enfin s'éloigner les armées rivales dont les luttes acharnées leur apportaient chaque jour l'épouvante et l'effroi. Mais il leur restait les affreuses suites de ces combats meurtriers, et de l'entassement de troupes nombreuses dans leurs murs. La vive frayeur éprouvée par les uns pendant le siége, la douleur de ceux qui dans les chocs multipliés avaient perdu leurs parens ou leurs amis, le peu de soin qu'on avait pu donner aux blessés et aux malades, les cadavres demeurés souvent sans sépulture et entassés sous les murs ou même dans l'intérieur de la ville ; tout se réunissait pour continuer d'affliger la cité : les campagnes d'alentour avaient leur part de ces tristes calamités. Les champs étaient ravagés comme après un violent orage ; et la plupart des villages abandonnés, n'offraient que le spectacle du deuil et de la désolation (1).

Tels étaient alors dans les pays voisins de la capitale, les résultats funestes de tant de marches, de contremarches, de campemens et de combats d'armées rivales. Non moins que le territoire d'Etampes, ceux de Corbeil, de Palaiseau, Saint-Cloud, Saint-Denis, Lagny, etc., étaient en proie aux désordres qu'entraîne la guerre ; partout les pauvres furent les premières et les principales victimes de ces cruelles dissensions. La faim et bientôt après d'affreuses maladies se faisaient sentir partout où les armées avaient passé. Cependant on voyait arriver

(1) Extrait d'un mémoire manuscrit d'un témoin oculaire, communiqué à l'auteur.

parfois dans ces infortunés cantons quelques hommes apostoliques, que la charité chrétienne, soigneuse et vigilante, s'empressait d'envoyer au secours de leurs frères ; leurs mains compatissantes pansaient les plaies de tant de malheureux ; et leurs bienfaisans travaux faisaient disparaître par degrés la trace de leurs douleurs (1).

La ville d'Étampes, plus qu'aucune autre souffrante et désolée, ne fut point privée de ces secours précieux. Il y avait alors en France un homme qui semblait s'être chargé de toutes les misères humaines ; véritable apôtre du Christ, dont l'âme aimante, dilatée au souffle de la charité, s'étendit, s'élargit encore, et devint ainsi comme un voile immense dont la Providence se servit pour essuyer les pleurs de tous les infortunés. Vincent de Paul était son nom ; ce nom vénéré surtout des pauvres, l'est aussi des grands qui l'entourent d'hommages ; et la philosophie elle-même tombant à ses pieds, a bien voulu lui pardonner sa foi en faveur des œuvres qu'elle lui fit enfanter. Des montagnes des Pyrénées, où jeune enfant il gardait un troupeau, Vincent s'était élevé par degrés à la dignité de pasteur des âmes ; et jamais charge ne fut plus dignement remplie. Pauvre et ne possédant rien, il distribua lui seul plus d'aumônes que bien des souverains n'en distribuent dans l'espace d'un siècle. Quand il n'avait plus rien à donner il se donnait lui-même ; et ses pieds qui couraient partout vers l'homme égaré, portèrent longtemps l'empreinte des fers dont il se chargea un jour au bagne de Marseille pour briser ceux d'un père infortuné.

(1) Collet, Vie de Saint Vincent de Paul, t. I.

Vincent de Paul avait appris le triste sort de la ville d'Étampes ; aussitôt son cœur se remplit d'une tendre émotion. Suivi de quelques uns de ses compagnons, il vole au secours des habitans de cette contrée. Voyez-vous avec quel zèle et quelle sage prévoyance ces pieux ouvriers remplissent leurs charitables travaux ? Ils commencent par ensevelir avec soin les cadavres qu'ils trouvent entassés et abandonnés en divers lieux de la ville (1). Les habitans découragés, étaient hors d'état de les seconder dans ce triste devoir ; les missionnaires ne se rebutent point ; ils font chercher au loin des hommes forts et vigoureux, et de concert avec eux, ils enlèvent du milieu des rues les restes hideux du carnage et de la destruction. Alors mêlant leurs pleurs à ceux des infortunés qu'ils venaient secourir, ils rendent à la terre le corps de leurs parens, de leurs amis ; et après ce premier bienfait envers leurs frères morts, ils cherchent à consoler ceux qui leur ont survécu.

Grâce à leurs soins, on vit bientôt s'établir quatre hospices, où les pauvres, les malades étaient reçus et servis chaque jour par Vincent de Paul lui-même, à la tête de ses généreux compagnons. Deux de ces maisons étaient destinées aux habitans d'Étampes, et les autres à ceux d'Etréchy, Villeconin, Guillerval et les villages environnans. Les enfans orphelins ne furent point délaissés par celui dont le zèle ingénieux avait su donner des mères tendres aux jeunes infortunés qui en étaient privés. Il les recueillit dans une vaste maison à Étampes, où ils furent nourris,

____

(1) Collet, Hist. de Saint Vincent de Paul.

entretenus et surveillés avec le soin le plus paternel. Le vénérable prêtre appela à son aide des *sœurs de la charité*, qui, dociles à la voix de leur père, vinrent en hâte seconder ses touchans travaux ; cinq d'entre elles, dit-on, ainsi que cinq missionnaires, furent victimes de leur généreux dévouement. Cependant Vincent de Paul et les siens ne négligèrent point un autre ministère, non moins précieux. Ils instruisaient à la fois le riche et le pauvre, s'efforçaient de ranimer partout le zèle de la foi ; et en même temps qu'ils soulageaient leurs frères, ils jetaient dans l'âme de chaque être souffrant des rosées de consolation et d'espérance, puisées à leur source divine.

De si nobles travaux portèrent d'heureux fruits : l'ordre et la paix se rétablirent par degrés dans les cantons où venaient de régner le trouble et la misère. Les convalescens recouvrèrent la santé, les malades de langueur et d'inanition commencèrent à retrouver leurs forces ; et Vincent de Paul en quittant les murs de la ville dut être salué des acclamations de tout un peuple dont il avait relevé le courage, et adouci les cuisantes douleurs (1).

Non loin de l'église Saint-Basile d'Étampes, sur le terrain dit le *carrefour des ormes,* on apercevait encore il y a quelques années une petite croix de fer, plantée en souvenir du passage dans ces murs de l'homme charitable dont nous venons de raconter quelques bienfaits. Cet humble hommage rappelait dignement la mémoire de

(1) Vie de Saint Vincent de Paul, par Collet, t. I.

l'humble prêtre , qui puisait aux pieds du signe rédemp-
teur tout le secret des œuvres merveilleuses dont il a
rempli le monde. Cette croix n'existe plus aujourd'hui, et
l'homme de bien s'afflige de sa disparition.

Mais pour la ville d'Etampes, Vincent de Paul n'est
point disparu tout entier. Quelques parcelles de son corps
y reposent encore dans une modeste châsse, au sein du
pieux édifice du roi Robert. Lorsqu'à certains jours, la
foule des fidèles prosternée au seuil du temple, vénère
les restes de ses saints patrons, le glorieux fils du pâtre
des montagnes est associé à leur triomphe ; et la foule ne
passe point indifférente devant les reliques si chères de
celui qui lui-même un jour au sein de notre ville, *a passé
en faisant le bien.*

Chapitre vingt-unième.

Suite des ducs ou duchesses d'Étampes. — Règne de Louis XV.
— Passage et réception de princes et princesses à Étampes.

Les événemens divers rapportés dans nos derniers chapitres, nous ont fait perdre de vue la filiation et la suite des possesseurs du duché d'Etampes. Il est temps de revenir sur ce sujet, et de l'épuiser cette fois par quelques nouveaux détails sur la transmission de ce domaine, depuis le règne de Henri III jusqu'à nos jours.

Nous avons laissé le duché d'Etampes entre les mains de la duchesse de Montpensier (Catherine de Lorraine, sœur du duc de Guise) (1). Henri III l'ayant recouvré, en fit don, en 1582, à Marguerite de Valois, reine de Navarre, sa sœur, comme complément de la dot qu'il lui

(1) Voir page 92.

avait promise par son contrat de mariage avec Henri de Bourbon (1).

Marguerite de Valois, devenue reine de France, posséda ce même duché quelque temps encore. Elle le céda ensuite à Gabrielle d'Estrées, duchesse de Beaufort et marquise de Monceaux (1598). Cette noble dame, dont le nom se lie dans l'histoire à celui de Henri IV, laissa en mourant le duché d'Etampes à son fils César, duc de Vendôme (1599). Ce dernier le transmit à son fils Louis de Vendôme, duc de Mercœur, lors du mariage de ce seigneur avec Laure Victoire Mancini, nièce du cardinal Mazarin (1654).

Louis de Vendôme, qui dans la suite devint lui-même cardinal, laissa le duché d'Etampes aux mains de son fils Louis-Joseph. Ce dernier prince mourut sans postérité : mais le souvenir des belles qualités qui le rendirent l'un des plus fermes soutiens du trône de Louis XIV, vivra à jamais dans l'histoire, et fera briller le nom de Vendôme d'un éclat immortel. Après avoir glorieusement réparé en Italie (1704 - 1705), par ses victoires sur le prince Eugène, les échecs du maréchal de Villeroy, il porta sa bravouvre en Espagne, et dit aux grands de ce pays qui délibéraient sur le rang dont ils devaient l'honorer : « *Tout rang m'est bon ; je ne viens pas vous disputer le pas ; je viens sauver votre roi.* » Il le sauva en effet, sa présence valut une armée à Philippe V, qui, privé de tout secours, sentait chanceler sur sa tête sa couronne mal affermie.

(1) Lettres-patentes du 8 juillet 1582.

Le nom seul de Vendôme attira vers lui une foule de volontaires ; des sommes d'argent lui furent apportées avec un enthousiasme général. Il ramena le roi à Madrid, et vainqueur des alliés à la célèbre bataille de Villaviciosa, il assura pour jamais la couronne d'Espagne sur la tête du petit-fils de Louis XIV (10 décembre 1710). Après la bataille, le roi ne sachant sur quelle couche reposer sa tête : *Prince,* lui dit Vendôme ; *je vais vous faire donner le plus beau lit sur lequel jamais souverain ait couché ;* et sur-le-champ il fit faire un matelas des étendards et des drapeaux enlevés à l'ennemi. Ce valeureux guerrier mourut deux ans après comblé d'honneurs, et fut enterré à l'Escurial dans le tombeau des infans d'Espagne (1712).

Louis-Joseph de Vendôme avait épousé, en 1710, Marie-Anne de Bourbon, fille de Henri-Jules de Bourbon, prince de Condé, et de Marie-Anne de Bavière, et petite-fille du grand Condé. Après lui, sa veuve demeura en possession du duché d'Etampes jusqu'en 1718, où cet héritage échut à sa mère, Anne Palatine de Bavière, douairière de Condé, qui le transmit elle-même à la descendance de cette illustre maison.

L'une de ses filles, Louise-Elisabeth de Bourbon, a été duchesse d'Etampes ; son nom se retrouve dans un grand nombre de pièces historiques de cette époque. Elle fut mariée le 4 juillet 1713, à Louis-Armand prince de Conti, et porta dans cette autre branche de la maison de Bourbon, le duché d'Étampes. De là il passa par alliance et partage à celle d'Orléans, lors du mariage de Louise-Henriette de Bourbon-Conti, avec Louis-

Philippe d'Orléans, aïeul du roi actuel Louis-Philippe Ier (1752). Suivant des actes de 1770, les sentences du bailliage d'Étampes, à cette époque, étaient rendues au nom de Mgr. Louis-Philippe d'Orléans, tuteur honoraire de Mgr. le duc de Chartres. Enfin le 23 juin 1779, par suite d'un partage de la succession de la princesse de Conti, entre Louis-Philippe Joseph d'Orléans, et la duchesse de Bourbon, sa sœur, les domaines d'Etampes et de La Ferté-Aleps échurent à ce prince pour la somme de 480,000 livres. A la révolution de 1789, le duc d'Orléans, Louis-Philippe-Joseph, était encore possesseur du duché d'Étampes. Le titre et les attributions attachées à cette dignité, périrent entre ses mains avec tant d'autres institutions ou coutumes que les bouleversemens politiques de cette époque entraînèrent comme un irrésistible torrent (1).

Après les époques si fertiles en événemens que nous avons parcourues dans les précédens chapitres, l'histoire laisse la ville d'Etampes dans une heureuse et paisible obscurité. Ainsi sous le long règne de Louis XV, libre des discordes civiles, notre cité ne fut plus exposée au choc violent des partis qui se heurtaient naguère sur son territoire, et s'en disputaient l'importante possession. Désormais sa position géographique ne fut plus pour elle que le sujet de réjouissances et de fêtes.

Placée sur la route de l'Espagne avec qui la maison

---

(1) Voir aux Pièces justificatives, le tableau de la filiation des souverains d'Étampes.

royale de France entretenait d'intimes relations, depuis qu'une de ses branches régnant sur ce beau royaume, *il n'y avait plus de Pyrénées,* elle eut de nombreuses occasions de voir passer au milieu d'elle ou de recevoir dans ses murs de hauts et nobles personnages.

Nous choisissons entre ces divers passages, celui de l'Infante reine, Marie-Anne-Victoire d'Espagne, âgée de cinq ans, venant à Paris pour épouser Louis XV qui n'en avait que douze (1722). Nous joindrons en outre ici quelques détails sur le séjour que Louis XV et le dauphin son fils firent à Etampes en 1745, pour y recevoir une autre Infante d'Espagne, Marie-Thérèse, mariée à ce dernier prince. Les registres déposés à la mairie de cette ville ont conservé sur ces deux événemens quelques souvenirs qui offriront peut-être de l'intérêt à nos lecteurs.

Nous transcrivons littéralement, à l'égard du premier, une pièce consignée dans les archives, et dont la rédaction offre une sorte de naïveté où l'on trouve quelque charme.

PASSAGE DE L'INFANTE REINE EN CETTE VILLE, AVEC LA CÉRÉMONIE ET RÉCEPTION.

— « Ce jourd'hui vingt-sept février 1722, sur les ordres et nouvelles adressés au maire et échevins de cette ville du passage de l'Infante reine, ils auraient fait convoquer une assemblée générale huit jours auparavant, tant pour se préparer de quelle manière elle serait reçue, que pour le présent de ville qui lui serait fait, où il fut arrêté que tous les officiers de la bourgeoisie et habitans, se mettraient sous les armes depuis six heures du matin jusqu'au départ, et que le présent serait fait par les maire et échevins en corps.

« Pour cet effet, sous le commandement de M. Rousse d'Inville, colonel, et autres officiers de la bourgeoisie, les dits officiers et habitans des mieux faits habillés et équipésl e plus uniformément qu'il a été possible, au nombre de plus de six cents, se sont assemblés ce jourd'hui sept heures du matin, devant l'hôtel-de-ville, et les principaux officiers s'étant retirés dans la chambre commune de l'hôtel-de-ville, fut arrêté par Messieurs de ville que tout le corps de la bourgeoisie partirait aux fifres, tambours et trompettes, et irait à l'hôtellerie des Trois Rois, logement destiné de l'Infante, pour recevoir la distribution des postes que chacun occuperait, où allant toute la troupe fut examinée et passée en revue par M. Bignon, intendant de Paris, qui était logé chez M. Rousse, procureur du roi, et venu la veille avec autres personnes de qualité, pour être présent au passage, dont ils furent très coutents, et en complimentèrent les officiers de la bourgeoisie et Messieurs de ville. Etant donc arrivés à l'hôtel des Trois Rois, il fut arrêté que depuis cet endroit jusqu'à *l'Ecce homo*, les dits habitans sous le commandement de leurs officiers seraient postés pour ce passage par deux rangs de chaque côté de la rue par laquelle l'Infante devait passer, ce qui a été suivi et exécuté avec tout le bon ordre et régularité possible ; ensuite M. l'intendant auquel avait été rendu visite par Messieurs de ville en corps et présenté leur présent de ville composé de vin, truites, brochets, et écrevisses et cotignac qu'il reçut avec joie, vint (avec les

musiciens qui l'avaient accompagné) à l'hôtel-de-ville ;
ils examinèrent le présent qu'ils trouvèrent digne d'être
présenté à une reine, de quoi il complimenta Messieurs
de ville, aussi bien que d'avoir fait paver, sabler les rues,
accommoder les portes par lesquelles l'Infante devait passer. Dans le même temps Messieurs les maire et échevins délibèrent en présence de mon dit sieur l'intendant
qu'ils iroient à la première porte de la ville du côté de
Saint-Martin, pour y attendre l'Infante, ce qu'ils firent
sur les midi, une heure, accompagnés de leur greffier,
et de tous les anciens échevins et officiers en robes, manteau et rabat, où ils attendirent jusqu'à trois heures,
pendant que mon dit sieur l'intendant examinait encore
les troupes et la manière comme elles étaient postées
qu'il trouva en bon ordre, dans lequel tems M. Desgranges, maître des cérémonies, vint joindre Messieurs de
ville, et l'Infante arrivait, et passé la porte où elle était
attendue, le dit Desgranges donna ordre que l'on fît
arrêter le carrosse dans lequel elle était avec Mesdames
de Ventadour et de Soubise, où M. Gabriel Pichonnat,
maire en titre, fit sa harangue à l'Infante reine, dont
madame de Ventadour le remercia :

« Madame,
« — Celui qui tient les jours des rois et des reines
« entre ses mains nous procure aujourd'hui l'avantage
« de vous assurer de nos respects les plus humbles et de
« rendre à Votre Majesté nos hommages ; souffrez donc
« qu'au même moment nous lui disions que les siècles
« les plus reculés nous apprennent que plusieurs per-

« sonnes de votre rang destinées à la couronne dans un
« âge aussi tendre que le vôtre ont fait le bonheur de
« leurs peuples; nous espérons que vous ferez le nôtre : je
« m'aperçois que nous tremblons à la vue d'une reine
« dont l'âge est si peu avancé parce que nous croyons
« notre bonheur très éloigné, mais rassurons-nous et
« soyons persuadés que le seul sourire d'une reine pour
« ainsi dire encore dans le berceau, portée entre les bras
« de sa gouvernante, a plus de force sur l'esprit d'un
« roi que les discours les plus polis et les plus énergiques.
« Nous supplions Votre Majesté de vouloir bien accepter
« le présent que nous lui offrons, seule marque d'une
« soumission entière. » —

« Après quoi Messieurs de ville suivirent et entrèrent
à l'hôtel, où après avoir attendu environ une demi-heure
montèrent au premier appartement où ils entrèrent et furent présentés à l'Infante par mon dit sieur Desgranges, à
laquelle ils présentèrent leur présent qui était dans une
grande manne d'osier en forme de brancard couvert de
tapis et papier doré porté par les quatre gardes de la
ville, et précédé par André Docher greffier, aussi en
robe, et par deux jeunes hommes de famille l'épée au côté,
habillés en noir fort proprement et choisis pour cela, tenant en main les cordons de ce brancard; au milieu duquel était une pâtisserie en pyramide de quatre dauphins,
une couronne dessus avec les armes de France et d'Espagne en peinture dorée; autour de cette pyramide étaient
gâteaux, tourtes de différentes manières, confitures sè-
chès et liquides, cotignac, massepains, biscuits, dra-

gées de différentes sortes , oranges , citrons , fruits de toute espèce et des plus exquis, liqueurs aussi de différentes façons, et généralement tout ce qui pouvait se présenter à une reine , le tout bien arrangé et symétrisé dans le brancard , le tout venant de Paris. Il se présenta aussi des truites, brochets vifs et écrevisses séparément du présent.

« Ce présent fut mis à terre par ordre de l'Infante qui, après l'avoir bien examiné et trouvé très-beau , aussi bien que toute la cour, prit la couronne et la voulant passer dans son bras la laissa tomber à terre qui se cassa en plusieurs morceaux ; et ensuite prit aussi les petits étendards qui ornaient le brancard , les donna à plusieurs personnes et dit que c'était pour la guerre : après quoi Messieurs de ville se retirèrent et furent deux heures après saluer Madame de Ventadour et M. Desgranges , dans chacun leur appartement, auxquels ils firent leur présent de ville en vin, poisson et écrevisses , et ensuite retournèrent à l'hôtel-de-ville où ils firent une collation médiocre à cause des ordres qu'ils avaient à donner pour que la nuit se passât en bon ordre, ce qui fut suivi avec de grandes réjouissances pendant toute la nuit , et dans une aussi bonne discipline qu'il pouvait y avoir dans les troupes réglées, jusqu'au lendemain neuf heures du matin que l'Infante partit de cette ville, que Messieurs de ville furent saluer à la porte Saint-Jacques qui était ornée comme celle de Saint-Martin de verdure lierres et couronnes (1). » —

(1) L'union qui se préparait sous de si heureux auspices ne se réalisa point. Par suite d'une double alliance , l'infante avait été

SÉJOUR DU ROI LOUIS XV ET DU DAUPHIN A ÉTAMPES.
(1745.)

Le jeune dauphin Louis de France, fils de Louis XV et de Marie Leczinska, à peine âgé de 16 ans, avait été fiancé à Marie-Thérèse, infante d'Espagne. Cette alliance nouvelle remplissait de joie les fidèles serviteurs de l'héritier du trône, vers lequel la jeune épouse s'avançait comme en triomphe en traversant les provinces de la France.

Dès que le roi apprit son approche de la capitale, il partit lui-même avec son fils et un nombreux cortége, et vint jusqu'à Etampes, à la rencontre de la jeune princesse.

Les habitans, suivant les ordres de leurs magistrats et des officiers de la cour venus à l'avance, avaient fait d'immenses préparatifs pour recevoir dignement d'aussi augustes personnages. On disposa pour le roi la maison de M. Rousse de Saint-André, située rue Saint-Antoine, en face du collége des Barnabites ; pour le dauphin, celle de M. Lepetit, située dans la même rue ; et pour l'in-

échangée dan l'île des *Faisans*, proche les Pyrénées, contre mademoiselle de Montpensier, fille du duc d'Orléans, régent, accordée au prince des Asturies. Mais la jeune princesse ne devint point reine de France. Elle fut logée au Louvre dans le pavillon qui porte encore aujourd'hui le nom de jardin de l'*Infante*. Elle retourna en Espagne en 1725, et épousa le prince du Brésil en 1729.

fante, la maison de M. l'abbé Hémard de Donjouan, rue
de la Juiverie (1).

Le 19 février, de nouveaux seigneurs de la cour arrivèrent à Etampes, avec de nombreux gardes de la maré-
chaussée. Le lendemain 20, 400 hommes des gardes
françaises et autant de Suisses furent distribués dans les
divers quartiers. Le même jour, à 5 heures du soir, le
roi arriva à Etampes accompagné de M. le dauphin, de
MM. le duc de Chartres, le comte de Charolais, le
comte de Clermont, le prince de Conti, le duc de Penthièvre, le prince de Dombes, de tous ses ministres et
autres grands officiers de sa couronne, et suivi d'un gros
détachement militaire de toute sa maison (2).

La milice bourgeoise, composée de 600 hommes, était
sortie, enseignes déployées, par la porte dite des Capucins, et elle vint former une haie sur la route que les princes
devaient suivre. Leur brillant cortége entra au bruit des
cloches, des tambours et des acclamations du peuple, par
la porte de la *Couronne,* aujourd'hui porte *Évezard,*
richement décorée d'un arc de triomphe et ornée de
l'inscription latine, *non opibus altus sed fide superat*

______

(1) La première de ces maisons, qui avait autrefois un immense
jardin, a été convertie en plusieurs habitations particulières dont
la principale est occupée par M. Boivin-Bonté. On n'a pu avoir de
notions fixes sur la seconde, que tout fait présumer néanmoins
être une maison d'architecture intérieure assez ancienne, située
en face du moulin à sablon, et habitée aujourd'hui par M. Bran-
lant. La troisième est occupée par la famille de M. Petit de La-
borde, ancien officier supérieur d'artillerie.

(2) Reg. des délibérations de l'Hôtel-de-Ville.

urbes. Les princes furent conduits jusques à leur logis comme en triomphe. Le soir de brillantes et nombreuses illuminations éclairèrent la ville (1). Le maire et les échevins vinrent offrir au roi et au dauphin les vins d'honneur. Il y eut ensuite grand jeu chez le roi, où furent admis les principaux habitans d'Etampes.

Le 21 février (dimanche), les princes entendirent la messe dans l'église des Barnabites, et à 11 heures du matin, suivis de leurs officiers, ils allèrent au devant de madame la dauphine qu'ils rencontrèrent à Mondésir. Le carrosse de la jeune princesse s'arrêta aussitôt ; elle en descendit, et s'étant mise à genoux aux pieds du roi : « Sire, lui dit-elle, je vous salue comme l'une de vos « humbles sujettes, et je prie Votre Majesté de vouloir « bien me regarder comme l'un de ses enfans... » Le monarque la releva, et lui dit en l'embrassant : « Ma fille, « je vous donne pour époux le plus puissant prince de « ma cour. » Le dauphin témoigna hautement la joie que lui causait la vue de la jeune infante, âgée de treize ans seulement, et parée de toutes les grâces et de toutes les vertus. On se remit ensuite en marche et l'on rentra dans Étampes par le faubourg de Saint-Martin, au milieu d'une haie de soldats et des cris joyeux de tout le peuple des environs accouru sur les pas du royal cortège (2).

Madame la dauphine fut conduite ainsi en grande pompe jusque dans la rue de la Juiverie, où était situé

(1) Voir la note aux pièces justificatives.
(2) Sur la porte Saint-Martin on avait placé l'inscription suivante : *huc adventat amor; veniet mox pignus amoris.*

l'hôtel qui devait la recevoir. Le soir il y eut chez elle souper et jeu, auxquels assistèrent un grand nombre de hauts seigneurs et de nobles dames. Le lendemain, 22 février, le roi, le dauphin et la dauphine, après s'être rendus ensemble à l'église de Saint-Basile (1), sortirent de la ville par la porte de la grande rue Saint-Jacques, et se dirigèrent vers Sceaux. Sur leur route, ils rencontrèrent la reine qui s'était avancée vers eux jusqu'à Longjumeau. De Sceaux, les princes et les princesses allèrent à Versailles, où fut célébrée la cérémonie d'un mariage qu'environnaient de toutes parts les prestiges de la joie et du bonheur : le dauphin brillant alors de jeunesse et d'avenir, ignorait, hélas ! que son union avec l'infante serait de courte durée, et que lui-même atteint par la mort au milieu de sa carrière, ne monterait jamais sur un trône dont il était plus digne encore par ses vertus et ses talens que par l'éclat de sa naissance (2).

Sous le règne de Louis XV, dans l'hiver de l'année 1753 et le printemps de 1754, la ville d'Etampes, na-

(1) Le curé de Saint-Basile de cette époque (M. Rivet) a consigné sur le registre de l'état civil qu'il tenait alors, la station du roi et de toute la cour dans son église ; il y est dit que selon l'usage il lui fut donné un demi-écu d'or pour la messe que le roi y entendit , et un autre demi-écu d'or pour la messe qu'il avait également entendue la veille, dans l'église des Barnabites, qui relevait de la paroisse Saint-Basile.

(2) Louis, dauphin de France , fils de Louis XV, surnommé le *vertueux Dauphin*, mourut le 20 mars 1765 , à l'âge de 36 ans. Marie-Thérèse, infante d'Espagne, sa première femme , était morte en 1746, dix-huit mois à peine après le jour où elle s'était unie à l'héritier de la couronne de France.

guère le théâtre de fêtes et de réjouissances, devint la proie d'un nouveau fléau qui n'était point celui de la guerre, mais qui, non moins que le fer meurtrier d'un ennemi, désola ses infortunés habitans. Un mal épidémique, sorti du sein de la vallée d'Étampes, s'étendit sur la ville et sur tous les environs; la consternation et l'effroi régnaient de toutes parts. Quelques médecins accourus de la capitale, donnèrent des soins empressés et généreux aux malheureux qu'avait atteints le funeste fléau; l'un d'eux, M. Meyserey a consigné vers cette époque, dans un journal spécial de médecine, un rapport détaillé sur cette singulière maladie. Nous y renvoyons le lecteur curieux et avide de pareilles impressions, mais nous épargnerons aux autres la vue de ces tableaux douloureux dans ces *Essais,* où déjà trop souvent sans doute l'aspect de tristes et sanglantes infortunes est venu affliger leurs regards (1).

(1) Voyez Lettre de M. Meyserey, médecin ordinaire du roi, au sujet des maladies qui ont régné à Etampes pendant l'hiver de 1753 et au commencement du printemps de 1754. (Journal de médecine, t. I, octobre 1754, page 262-268.)

Chapitre vingt-deuxième.

Jacques-Guillaume Simoneau, maire d'Étampes. — Étampes au XIXᵉ siècle. — Choléra. — Conclusion.

Le règne de Louis XVI et les dernières années du dix-huitième siècle, si fécondes en événemens de toute sorte, présentent peu de faits historiques qui soient particuliers à la ville d'Etampes, et puissent occuper une place dans cet ouvrage. Cette contrée, comme les autres points de la France, eut à subir sa part des perturbations violentes qui signalèrent cette époque ; quelques uns des édifices religieux que nous avons décrits ailleurs, tels que l'église Sainte-Croix et la nouvelle maison des pères cordeliers, furent détruits ou mutilés. Les autres furent fermés ou réservés pour de profanes usages ; la belle église de Notre-Dame vit célébrer dans son enceinte plusieurs fêtes nationales ou décadaires, tandis que celle de Saint-Gilles était devenue un magasin pour les grains, et que la nef de Saint-Basile servait de prison à quelques soldats vendéens.

Mais il n'entre point dans notre plan d'écrire l'histoire contemporaine, si difficile à traiter avec impartialité : glissant donc rapidement sur cette période si agitée de nos annales, nous nous bornerons à mettre sous les yeux de nos lecteurs le récit de l'événement tragique qui vint souiller les murs d'Étampes et consterner ses habitans, par le meurtre de leur premier magistrat.

C'était durant l'année 1792 : la ville d'Etampes se voyait souvent en proie aux suites funestes de l'anarchie qui sur les divers points de la France désolait alors la plupart des campagnes et des cités. Par son heureuse position qui la rendait le *grenier de la Beauce*, et lui avait été déjà mainte fois si fatale, elle était devenue encore un centre autour duquel circulaient de toutes parts des attroupemens séditieux. Leur but était de produire la famine et d'exciter des émeutes populaires; leurs hordes séditieuses grossissant de jour en jour, fondaient sur les villages et les hameaux où se tenaient des marchés publics, y taxaient elles-mêmes le prix des grains et répandaient partout le trouble et l'épouvante. Les fermiers saisis de crainte n'osaient apporter leurs céréales, et la disette gagnait ainsi par degrés tous les lieux par où ces bandes turbulentes avaient passé.

Le 3 mars 1792, un de ces attroupemens, composé d'environ huit cents hommes armés de sabres, de fusils ou de bâtons et venant du côté d'Etréchy et de la Ferté-

Aleps, fondit à l'improviste sur le marché aux blés d'Étampes, et se mit en devoir d'y taxer le prix des grains : Jacques-Guillaume Simonneau, citoyen probe, magistrat intègre, était alors maire de cette ville. Aidé de soixante hommes de cavalerie, de quelques gendarmes et du petit nombre de gardes nationaux qui avaient répondu à son appel, il s'opposa de tous ses efforts à une pareille violence. La municipalité s'était déjà portée au devant des insurgés, vers le faubourg dit *des Capucins;* mais ses prières et ses menaces n'avaient pu réussir à calmer l'effervescence de ces bandes tumultueuses. Les vives exhortations du maire furent également inutiles, son autorité fut méconnue et ses ordres méprisés : comme il continuait à refuser de baisser le prix des grains, l'un des insurgés furieux se précipite sur lui, l'entraîne vers le bas du marché et lui assène un violent coup de bâton sur la tête. Le magistrat parvient à se dégager de ses mains, et malgré sa blessure il reparaît plus ferme encore au poste que le devoir lui avait assigné. « *Ma vie* « *est à vous,* criait-il aux factieux ; *vous pouvez* « *me l'ôter, mais je ne manquerai point à mon de-* « *voir.* »

Cependant le commandant des troupes rangées en armes sur la place du marché, ayant donné l'ordre d'une retraite, Guillaume Simonneau escorté de quelques cavaliers dirigeait sa marche vers la grande rue Saint-Jacques, lorsque soudain atteint presque à bout portant d'un coup de fusil, il tombe baigné dans son sang. Le procureur de la commune, son ami, qui le suivait de près, accourt aussitôt vers lui, et s'empresse de le relever, lorsqu'un second coup de fusil se fait entendre à leurs côtés. L'infortuné maire retombe frappé à mort, et son généreux compagnon, blessé lui-même, n'échappe qu'avec peine au sort fatal qui le menaçait (1).

La nouvelle de cet attentat fut bientôt connue dans la capitale, et les feuilles publiques la répandirent sur tous les points de la France. En plusieurs lieux, Simonneau fut honoré, loué et chanté comme un héroïque citoyen, comme un martyr de la religion du devoir. L'assemblée nationale, dans sa séance du 18 mars 1792, décréta qu'un monument pyramidal serait érigé en son honneur sur la place du marché d'Etampes ; et que le 3 juin de cette même année une fête serait célébrée à Paris pour consacrer le souvenir de ce funeste événement. Une partie du décret reçut son exécution : la fête fut célébrée au jour indiqué avec la plus grande magnificence ; mais on négligea d'exécuter la loi tout entière, et l'œil étonné cherche en vain aujourd'hui dans la ville d'Etampes le

(1) Ce généreux compagnon, cet ami de Jacques Simonneau, existe encore, et c'est de sa bouche même que j'ai recueilli les détails qu'on vient de lire. Son nom, qu'on est peut-être étonné de ne point trouver dans ce récit, y figurerait sans doute, si sa modestie ne m'avait imposé le devoir de le tenir caché.

Ce fut dans le haut de la rue de *l'Étape aux vins*, dix pas au-dessus de la rue haute des *Groisonneries*, devant la porte de la maison n° 9, que Simonneau rendit le dernier soupir. Un autre témoin oculaire nous a assuré que dans le délire de leur rage, les assassins défilèrent au son des tambours autour de leur victime, et firent une fusillade sur son corps palpitant et défiguré, en criant : *vive la nation.*

monument qu'avait décrété l'assemblée nationale (1).

Nous voici arrivés au dix-neuvième siècle, à cette période qui doit grossir un jour de tant d'évémens divers les récits de nos annales. La ville d'Etampes en a suivi les différentes phases sans commotion violente, et sans qu'aucun autre fait remarquable l'ait mise sous ce rapport hors de la ligne commune au reste de la France. Lorsqu'en 1830, une révolution nouvelle accomplie en trois jours donna la couronne de France au chef de la branche cadette de la maison de Bourbon, la sagesse, la fermeté des magistrats et des principaux fonctionnaires surent préserver cette ville des scènes de troubles et d'anarchie, dont un grand nombre d'autres furent alors le théâtre.

Mais si cette contrée échappa à la guerre civile, elle ne put éviter également le fléau plus meurtrier encore, qui vint deux années plus tard décimer les infortunés habitans de la capitale et de la moitié de la France. Au mois d'avril 1832, Etampes vit sa paisible vallée envahie par le mal asiatique, dont la plupart des nations de l'Europe avaient déjà ressenti les funestes atteintes. Pendant deux mois entiers la consternation et l'effroi ne cessèrent de régner dans les divers quartiers de la ville, où plus de trois cents personnes périrent. Un plus grand nombre encore aurait succombé sans doute,

(1) Voir aux archives de l'Hôtel-de-Ville d'Étampes, les pièces qui constatent cet événement, ainsi que le décret de l'assemblée nationale.

si le dévouement généreux du clergé, des médecins, des magistrats et de plusieurs dames charitables, n'eût souvent opposé une barrière puissante aux ravages de l'affreuse maladie. Quelques jeunes docteurs venus de la capitale, rivalisèrent aussi de zèle pour conjurer le mal; des aumônes abondantes recueillies de toutes parts, permirent de secourir les indigens, et d'en arracher plusieurs à une mort presque inévitable.

Au milieu de leurs douleurs et de leur effroi, les habitans d'Étampes n'oublièrent point d'élever leurs regards supplians vers celui qui frappe et qui console. Ils invoquèrent le ciel, par l'entremise de leurs saints patrons dont les restes vénérés, suivis de la foule du peuple, traversèrent plusieurs quartiers de la ville. Le ciel ne fut point sourd à leurs prières : on vit dès ce jour même le calme et la confiance renaître dans tous les cœurs. Le mal diminua par degrés, et bientôt il disparut entièrement du sein de la vallée, où son apparition subite au milieu du printemps avait semé l'épouvante et l'horreur.

Étampes, aujourd'hui plus qu'autrefois encore cité commerçante et industrielle, poursuit en paix le cours de ses destinées. Son genre spécial de commerce qui fait toujours sa force et sa richesse, lui donne un degré d'importance qu'à raison de son peu d'étendue, elle ne devait guère espérer d'atteindre. Cette ville, non moins que ses sœurs Corbeil et Pontoise, est de nos jours l'une des nourrices fécondes qui distribuent chaque année la vie matérielle au grand corps de la capitale. Des inventions ingénieuses, des améliorations utiles dues à plusieurs habitans dela contrée ont depuis quelque temps donné un nouvel essor au commerce des grains, et porté la fabrication des farines à un degré de perfection inconnu jusqu'à nos jours. Plus de 40 moulins importans, situés aujourd'hui sur le territoire d'Étampes ou dans ses vallées, sont mus par les eaux puissantes de la Juine ou de ses affluens; beaucoup d'entre eux sont montés d'après le procédé dit *anglais*, dont le type principal consiste dans des engrenages métalliques extrêmement remarquables par la force et la précision qu'ils impriment à tous les mouvements. Les plus beaux de ces moulins sont sans contredit ceux de Pierrebrou près Etréchy (à M. Béchu), et de Vaux près Auvers (à M. le comte Perregaux). Outre la perfection de leurs machines, leur aspect extérieur est vraiment monumental et s'embellit d'ailleurs de toute la fraîcheur du paysage dans lequel ils sont placés.

Le premier qui ait importé en France le procédé des moulins anglais est, dit-on, un commerçant originaire d'Étampes, qui en avait fait l'essai à Saint-Quentin (Aisne), où il avait transporté son industrie (M. Gérosme). Il fit part de ses avantages à l'un de ses parens (M. Chevallier), qui étant accouru sur les lieux pour s'en convaincre, revint à Etampes plein de l'ambition de les obtenir pour lui-même, en imitant les procédés qu'il venait d'admirer. Ces procédés se répandirent avec rapidité dans tout le commerce de la ville, et plus tard dans celui des contrées voisines. Mais les industriels d'Etampes revendiquent l'honneur de la plus grande partie des améliorations et des perfectionnemens obtenus, qui ont laissé bien loin, selon eux, les procédés originairement importés d'Angleterre.

Sous l'administration des magistrats éclairés qui régissent aujourd'hui cette ville, sa prospérité ne peut manquer de s'accroître ; un jeune sous-préfet (1) et un maire blanchi dans le métier des armes (2), rivalisent de zèle et de dévouement pour les intérêts de la cité. M. le maire ne néglige rien pour continuer les utiles travaux entrepris par ses honorables prédécesseurs : parmi les créations nouvelles que la ville d'Étampes va devoir à ses louables efforts, on peut citer déjà un magnifique abattoir, qu'on se prépare à construire dans un des faubourgs, et qui, sous le rapport du bon ordre et de la salubrité publique, ne sera pas un des moindres bienfaits que la ville pouvait espérer de la sollicitude de ses administrateurs.

Ici devrait, ce semble, s'arrêter notre tâche. A l'aide de recherches nombreuses et quelquefois pénibles, nous avons pu dérouler le fil souvent embrouillé et confus des annales de la ville d'Étampes. Autant qu'il a été donné à nos faibles forces, nous avons recueilli avec soin toutes les traditions et tous les souvenirs qui se rattachent à l'histoire de cette cité. Nous avons aussi consigné dans cet ouvrage quelques détails sur ses principaux monumens, soit qu'ils aient disparu du sol, soit qu'ils ornent encore les placés ou les rues de ses divers quartiers :

(1) M. Édouard Bocher, auditeur au Conseil-d'État.
(2) M. le colonel Cresté.

mais un dernier devoir nous reste à remplir. Étampes, comme la plupart des villes, compte plusieurs personnages remarquables qui ont pris naissance dans son sein. Il est juste de leur payer un tribut d'hommages et de reconnaissance, en retraçant une esquisse des principales actions qui recommandent leur mémoire. C'est à cette douce tâche que va être consacré le dernier chapitre de nos *Essais historiques*.

Chapitre vingt-troisième.

De quelques hommes remarquables de la ville d'Étampes.

Nous avons déjà eu l'occasion dans le cours de cet ouvrage de faire connaître un personnage d'une science
éminente, auquel la ville d'Étampes s'honore d'avoir
donné le jour. C'est messire Jean Hüe, qui fut durant le
quinzième siècle docteur en Sorbonne et doyen de la faculté de théologie (1). Il serait inutile de rappeler de
nouveau ici les titres qui doivent rendre sa mémoire chère
dans cette contrée. Nous ne dirons rien également du
savant D. Basile Fleureau, religieux barnabite, qui légua
à sa patrie, avec l'exemple des plus hautes vertus, son

(1) Voy. au chapitre xiv⁰, les pages 28, 29, 30.

livre des *Antiquités de la ville et du duché d'Étampes*. Nous avons payé à la mémoire de cet homme de bien un juste tribut d'hommages dans la préface même du premier volume de ces *Essais*.

Sous le règne de Henri III, vivait à Etampes un célèbre jurisconsulte, d'une profonde science, dont nous devons ici rappeler le nom, bien que cette ville ne puisse se glorifier de lui avoir donné le jour. C'est Claude Mignault, doyen de la faculté de droit de Paris, plus connu sous le nom de *Minos,* qu'il prenait à la tête de ses ouvrages. Né à Talant, bourg près de Dijon, vers l'an 1536, il fut après des études brillantes appelé comme professeur au collége de Reims, et plus tard il vint remplir les mêmes fonctions à Paris. Après avoir étudié le droit, et prit ses degrés à Orléans, Claude Mignault, nommé vers l'an 1580 avocat du roi à Étampes, remplit cette charge pendant plusieurs années avec les plus rares talens. Il avait déjà composé le principal de ses ouvrages, ses *Commentaires sur les emblèmes d'Alciat* (Anvers 1574, in-16). Mais ce fut durant son séjour dans cette ville qu'il traduisit ce même ouvrage en vers français (Paris 1584, in-12). Claude Mignault nous apprend lui-même dans l'avant-propos de cette traduction, qu'il l'entreprit et la continua dans ses heures de loisir, lorsqu'il voyageait en bateau, de Paris à Etampes ou d'Etampes dans la capitale (1).

(1) Voyez pour les détails sur la vie et les nombreux ouvrages de Claude Mignault, son éloge par Papillon, dans la continuation des *Mémoires de littérature*, t. VII; dans la *Bibliothèque de Bourgogne*; dans les *Mémoires* de Nicéron, t. XIV.

JACQUES HOULLIER.

Durant la première période du seizième siècle, naquit à Étampes *Jacques Houllier* (en latin, *Hollerius*), qui devint l'un des plus illustres médecins de son temps et fut attaché en cette qualité à la cour du roi François Ier. Après avoir fait d'excellentes études à Paris, il prit le bonnet de docteur et fut élu doyen de la faculté de médecine en 1546. Houllier secouant le premier le joug des subtilités théoriques, embrassa franchement la doctrine d'Hippocrate ; et en donnant ainsi aux études une plus utile direction, il forma de nombreux élèves, qui, tels que Duret, Fernel et Baillon, firent à leur maître le plus grand honneur. Ce savant professeur, malgré les soins pénibles qu'il donnait à une pratique étendue de son art, sut trouver assez de loisir pour cultiver la littérature médicale. Il commenta Hippocrate et composa divers ouvrages. Il avait acquis aussi de vastes connaissances dans la thérapeutique chirurgicale, et il s'en servit pour substituer dans certaines opérations des moyens curatifs moins douloureux, à d'anciens procédés qu'on employait encore de son temps. Houllier mourut en 1562, avec la réputation d'un homme de bien et d'un médecin habile. La plupart de ses écrits ont paru réunis sous ce titre : *Omnia opera practica* (Paris 1612 , in-4°) (1).

(1) Il y a quelques années, l'Académie de médecine de Paris prit des informations à Étampes pour savoir s'il existait dans cette ville un descendant de Houllier, médecin de François Ier,

Dans les premières années du dix-huitième siècle, Etampes vit naître dans ses murs presque en même temps, deux hommes dont les vastes connaissances et les graves travaux ont illustré leur mémoire et porté leur nom bien au delà de l'enceinte de leur patrie. Je veux parler de l'abbé Guénée, auteur de l'excellent ouvrage qui porte pour titre : *Lettres de quelques Juifs Portugais, Allemands et Polonais, à M. de Voltaire;* et du célèbre naturaliste Guettard, dont les précieuses découvertes contribuèrent si puissamment à étendre en France le goût de la minéralogie.

1° Antoine Guénée.

Antoine Guénée, chanoine d'Amiens, sous-précepteur des enfans de monseigneur le comte d'Artois, et membre de l'académie des inscriptions et belles-lettres, naquit à Etampes le 23 novembre 1717. Il fit ses études à Paris et fut agrégé à l'université de cette ville, célèbre alors par les hommes recommandables qui distribuaient les élémens des sciences à de jeunes disciples avides de leurs leçons. Rollin, Crévier, Coffin, Lebeau, tels étaient ces sages amis de la jeunesse studieuse, qui la dirigeaient

en âge de commencer ses études : ce corps savant offrait de se charger de son éducation. Après bien des recherches on trouva une personne qui fut reconnue descendre du médecin Houllier et qui portait son nom : mais c'était un pauvre vieillard de 70 ans, manouvrier. Il est aujourd'hui à l'hospice Beaugin ou des vieillards, qu'un homme bienfaisant, ainsi que nous l'avons dit ailleurs, a fondé récemment dans cette ville.

alors dans de sûres voies, non moins par leur exemple que par leurs conseils. L'abbé Guénée vint partager leurs honorables travaux. Après la mort de Rollin, en 1741, il fut nommé à la chaire de rhétorique du collége du Plessis, et il sut, comme lui, inspirer à ses nombreux élèves l'amour de la vertu et le goût des belles-lettres : il conserva cette place durant vingt années, et ses heures de loisir étaient consacrées à des ouvrages utiles à la religion. C'est ainsi qu'après un voyage fait avec quelques uns de ses élèves, en Italie, en Allemagne et en Angleterre, il publia successivement : 1° *La religion chrétienne démontrée par la conversion et l'apostolat de saint Paul,* in-12, 1754 ; ouvrage traduit de l'anglais, de lord Lyttleton ; 2° une nouvelle édition de la traduction composée par Lemoine de l'écrit de Sherlock contre Woolston : *Les témoins de la résurrection de J.-C., examinés suivant la règle du barreau ;* 3° une traduction de l'ouvrage du chevalier West : *Observations sur l'histoire et sur les preuves de la résurrection de J.-C.,* in-12. Mais des travaux plus importans devaient suivre bientôt les premiers écrits de l'abbé Guénée.

Il se trouvait alors en France un homme qui avait conçu l'impie et téméraire dessein de saper dans ses fondemens et de détruire tout l'édifice d'une religion qui a son origine dans les premiers jours du monde. Parmi ses moyens d'attaque contre le christianisme, il en était un qu'il employait le plus volontiers ; c'était de défigurer la Bible par des sarcasmes, des traductions ridicules, de bizarres travestissemens, et d'avilir ainsi de tout son pouvoir la religion dans sa source, son histoire, et dans les

annales du peuple dépositaire de ses promesses divines.
A ce portrait nos lecteurs ont reconnu Voltaire. L'abbé
Guénée entreprit de lutter avec lui corps à corps. Sous
le nom de quelques juifs étrangers, il publia des lettres
où il sut avec une habileté extrême relever ses erreurs,
rétablir la vérité dans tout son jour, et rejeter sur lui-
même l'odieux de ses sarcasmes. C'est en 1769 que paru-
rent pour la première fois les *Lettres de quelques Juifs
Portugais, Allemands et Polonais, à M. de Voltaire.*
Le succès en fut complet; et tous les gens de bien s'empressèrent de féliciter l'auteur de cet ouvrage, qui vengeait
dignement la Bible des attaques de son violent détrac-
teur. Entre tous les jugemens portés sur ces lettres, nous
citerons celui-ci, qui donne une juste idée du genre de
défense employé par l'estimable écrivain : « L'abbé
« Guénée, dit M. C. L. (1), a toujours l'art de plaire et
« d'intéresser, soit qu'osant employer l'arme de la plai-
« santerie avec un adversaire si redoutable dans ce
« genre d'escrime, il parvienne à faire rire de l'écrivain
« qui a le mieux su faire rire ses lecteurs; soit que dé-
« ployant toutes les ressources d'une instruction étendue
« et profonde, il suive son adversaire pas à pas dans la
« discussion des faits, lui démontre son ignorance, ses
« méprises, sa mauvaise foi, ses innombrables contra-
« dictions, et, le poursuivant sous toutes les formes qu'il
« se plaît à revêtir successivement, le presse sans relâche
« et le serre toujours plus fortement dans les liens d'un
« raisonnement vigoureux, jusqu'à ce qu'ayant forcé ce

(1) Journal général de France, du 17 septembre 1816.

« mobile Protée à redevenir lui-même , il finisse par le
« traiter en dieu et achève de l'accabler sous une multi-
« tude d'hommages d'autant plus désespérans qu'ils sont
« sincères , et que la franchise des éloges prouve l'im-
« partialité des censures ; soit enfin qu'avec une élo-
« quence forte et pathétique , il déplore le cynisme d'un
« vieillard sans dignité, qui, déjà un pied dans la tombe,
« s'obstine à être encore le baladin de son siècle , et
« traînant dans la fange les restes d'un talent qu'il n'au-
« rait tenu qu'à lui de rendre si utile aux hommes ,
« s'efforce, dans ses derniers jours , de livrer au mépris
« et au ridicule ce qu'il y a de plus saint dans le monde
« qu'il va quitter et de plus redoutable dans celui où il
« est sur le point de paraître. »

Voltaire , à l'aide du sarcasme , son arme ordinaire ,
essaya souvent de combattre son adversaire ; mais plus
d'une fois il fut contraint malgré lui de reconnaître son
mérite. « *Le secrétaire juif,* disait-il , *n'est pas sans esprit et sans connaissances ; mais il est malin comme
un singe, il mord jusqu'au sang, en faisant semblant de
baiser la main* (1). » L'abbé Guénée, estimé et considéré
à cause de ses utiles travaux , fut nommé à un canonicat
de la cathédrale d'Amiens , et par les soins du cardinal
de la Roche-Aymon , grand aumônier, il fut attaché à la
chapelle de Versailles. En 1778 , il fut reçu associé de
l'académie des inscriptions et belles-lettres , et peu de
temps après, nommé sous-précepteur des enfans de M. le
comte d'Artois. Il vivait ainsi à la cour entouré d'honneurs,

(1) Lettre à d'Alembert , du 8 décembre 1776.

et partageait son temps entre les devoirs de sa charge et des travaux littéraires, lorsque la révolution vint changer sa destinée. Il se retira alors à Fontainebleau, où il chercha dans les pratiques de la religion et dans les œuvres de charité, des consolations contre les chagrins qui vinrent empoisonner sa vieillesse. Cet homme de bien mourut entre les bras d'un ancien ami, le 27 novembre 1803, à l'âge de quatre-vingt-six ans (1).

2° ÉTIENNE GUETTARD.

Jean-Étienne Guettard, médecin naturaliste, naquit à Étampes le 22 septembre 1715. Après avoir terminé ses études classiques, il se livra à la botanique et à l'histoire naturelle, vers lesquelles l'entraînait un penchant irrésistible. Encouragé par le célèbre Réaumur, dont il suivait les leçons, il redoubla d'efforts, et répondit si bien aux soins de son habile maître, que celui-ci, enchanté des progrès de son jeune disciple, parvint dès l'an 1735 à le faire admettre à l'Académie des Sciences, quoiqu'il fût alors à peine âgé de vingt ans. Guettard ne tarda point à communiquer à ce corps savant le résultat de ses observations minéralogiques, et il conçut dès lors le projet immense de faire connaître successivement toutes les richesses de ce genre que possédait le sol de la France.

(1) Voir la notice sur ce savant estimable, par M. Dacier, secrétaire perpétuel de l'Académie des Inscriptions et Belles-Lettres, en tête de la septième édition des *Lettres de quelques Juifs*, 4 vol. in-12, 1815.

Il mit aussitôt la main à l'œuvre, et dans une suite de mémoires précieux, il révéla une foule de trésors inconnus avant lui, dont la nature libérale avait paré cette belle portion du globe. Doué d'une grande activité, d'une santé robuste, et n'éprouvant presque jamais le besoin du repos, il put accomplir de vastes travaux, dont la seule idée aurait effrayé tout autre homme moins actif et moins laborieux. Guettard eut ainsi la gloire de contribuer puissamment à répandre en France le goût de la minéralogie ; et cette science, si ignorée avant lui, reçut dès ce moment une impulsion heureuse, qui l'a conduite par degrés au point où nous la voyons arrivée de nos jours.

A de si hautes facultés de l'esprit, Étienne Guettard joignait les qualités du cœur, qui le faisaient aimer de tous ses confrères, et particulièrement de ceux qu'il admettait dans son intimité. On rapporte cependant que doué d'un caractère vif et quelque peu irascible, il supportait difficilement la contradiction : mais il revenait promptement de ses mouvemens d'impatience, et souvent même il en demandait pardon. La seule vue d'un malheureux lui faisait quelquefois répandre des larmes; et il soulageait toujours de ses propres deniers les besoins des pauvres qu'il visitait comme médecin. Sa sensibilité s'étendait jusque sur les animaux ; il ne souffrait point, dit-on, qu'on en tuât aucun chez lui, ou pour son propre usage.

Guettard était conservateur du cabinet d'histoire naturelle du duc d'Orléans. Sa renommée répandue au loin, l'avait fait admettre dans plusieurs sociétés savantes et étrangères, qu'il éclairait de ses lumières et enrichissait des trésors de son érudition. Il était en même temps membre de l'Académie des Sciences, et de celles de la Rochelle, de Florence et de Stockholm ; il termina ses jours à Paris, le 8 janvier 1786 (1).

Les œuvres du naturaliste Guettard consistent en un grand nombre de mémoires, présentés successivement à l'Académie des Sciences.

Ses autres ouvrages sont :

1° *Observations sur les plantes*. Paris, 1747, 2 vol. in-12.

On trouve dans cet écrit le catalogue des plantes qui croissent aux environs d'Étampes et d'Orléans, et dans quelques autres provinces de la France.

2° *Histoire de la découverte faite en France, de matières semblables à celles dont la porcelaine de la Chine est composée*. Paris, 1765, in-4°.

On doit remarquer que cette découverte importante a été l'occasion de l'établissement de la belle manufacture de Sèvres.

3° *Mémoires sur les différentes parties des Sciences et des Arts*. Paris, 1768-83, 5 vol. in-4°.

4° *Mémoire sur la minéralogie du Dauphiné*. Paris, 1779, 2 vol. in-4°.

5° *Atlas et description minéralogique de la France*. Paris, 1780, in-folio.

6° Enfin *des lettres et des dissertations dans les journaux économique et de médecine*.

(1) Voy. Éloge de Guettard, prononcé à l'Académie des Sciences, par Condorcet.

Nous terminerons ici cette courte notice. Mais après avoir parlé du naturaliste Guettard, nous ne pouvons nous défendre de nommer parmi ceux qui continuent avec renommée ses traditions de sciences et d'études, M. Geoffroy Saint-Hilaire, né aussi à Étampes, et qui est aujourd'hui professeur d'histoire naturelle au collége de France, l'un des administrateurs du jardin des Plantes, et membre distingué de l'Académie des Sciences.

APPENDICE.

Statistique historique

DES VILLES, BOURGS ET CHATEAUX

DE L'ARRONDISSEMENT D'ÉTAMPES.

L'arrondissement d'Etampes est borné au nord par les arrondissemens de Corbeil et de Rambouillet ; au sud, par le département du Loiret ; à l'est, par celui de Seine-et-Marne ; à l'ouest, par le département d'Eure-et-Loir. Sa superficie est de dix myriamètres cinq kilomètres carrés, et sa population, d'après les derniers recensemens, est de 40,871 habitans.

Cet arrondissement est composé de 69 communes ; il renferme 6 villes, environ 100 villages ou hameaux, et plus de 30 châteaux, dont plusieurs se font remarquer par leur élégante construction et la beauté de leurs alentours (1).

L'arrondissement d'Etampes est divisé en quatre cantons communaux et justices de paix, savoir : Etampes, la Ferté-Aleps, Méréville et Milly.

CANTON D'ETAMPES.

Communes, 14. — Population 14,720 habitans.

1° ETAMPES.

Etampes, 8,109 habitans. — M. le colonel Cresté, maire. (Voir les tomes I et II de ces *Essais historiques*, consacrés spécialement à l'histoire de la ville d'É-tampes.)

2° BOISSY-LE-SEC.

(Hameaux : *le Rottoir, le Venant.*)

Boissy-le-Sec, 800 habitans.

Ce bourg situé à 2 lieues N.-O. d'Etampes, à 13 de Paris, est d'une origine ancienne. Cependant les deux principaux monumens qu'il renferme, l'église et le château, ne remontent pas au delà du 14° siècle, bien que leurs constructions souterraines semblent annoncer une époque antérieure. L'église de Boissy-le-Sec n'offre rien de remarquable ; jadis elle dépendait de l'abbaye de

(1) Voir pour les détails topographiques sur la vallée d'Etampes, la note I du premier volume de cet ouvrage, page 185 et suiv.

Clairfontaine, et elle était desservie par les moines augustins de cette abbaye ; ce droit cessa vers le milieu du 17e siècle. Cependant en 1654, l'abbé de Clairfontaine était encore en possession de nommer à cette cure un prêtre séculier.

Quant au château flanqué de tourelles, il a été bâti en 1339 par Jean de Paviot, chevalier banneret, et il a été occupé par lui ou ses descendans jusqu'au commencement du 18e siècle. Ce château existait comme forteresse lors du traité de Brétigny conclu en 1360 entre les Anglais et les Français, pour la délivrance du roi Jean. Ce traité autorisait les Anglais à rester en possession de toutes les places dont ils s'étaient emparés, jusqu'à l'entier paiement de la rançon du monarque. Mais quelque temps après, comme malgré la trève les Anglais continuaient à mettre à contribution et à ravager les pays voisins de la capitale, la ville de Paris autorisée par le régent, depuis Charles V, racheta neuf forteresses, que les Anglais évacuèrent moyennant 24,000 florins, à l'écu du roi Philippe de Valois, et payés par moitié au comte de Warwick et au captal de Buch. Au nombre de ces forteresses, se trouvaient celles d'Etteville, Farcheville et Boissy-le-Sec aux environs d'Étampes.

L'état actuel du château de Boissy ne permet plus de le qualifier de *forteresse*. L'ancienne a été détruite ; mais il a été réparé et embelli en 1802 par M. de Bourgeon, ancien membre du conseil général du département de la Seine. Cette terre, aujourd'hui plus étendue, offre une jolie habitation. On y remarque de précieux établissemens hydrauliques.

3° Boutervilliers.

Boutervilliers, 170 habitans.

Ce petit village est situé à 2 lieues O. d'Etampes. La seigneurie de Boutervilliers appartenait jadis à une famille de ce nom, dont l'un des descendans est nommé parmi les vassaux qui, au temps de Philippe-Auguste, tenaient du roi, dans le bailliage d'Etampes, des fiefs de 60 livres parisis de revenu (1).

4° Bouville.

Bouville, 490 habitans.

On remarque près de ce village, situé à 2 lieues E. d'E-tampes, l'antique château de Farcheville, fortifié encore de créneaux et de tours ; il est d'une forme carrée et en-vironné de fossés.

Ce château et le joli parc qui l'environne sont aujourd'hui la propriété de madame de Balivière.

L'ancienne forteresse de Farcheville est l'une de celles qui furent rachetées vers l'an 1360, par la ville de Paris, des mains des Anglais. (Voyez plus haut article Boissy-le-Sec.)

(1) Voir au tome 1 des *Essais historiques*, notes, p. 212.

5° Brières-les-Scéllées.

Brières-les-Scéllées, 310 habitans.

A trois quarts de lieues N.-O. d'Étampes, dans le fond d'une vallée. L'ancien château, dont on aperçoit encore quelques murs, est aujourd'hui converti en grange. Une tradition rapporte qu'il fut occupé par le roi Henri IV, dans le temps des guerres civiles (1).

6° Challo-Saint-Mard.

Challo-Saint-Mard, 1,050 habitans.

Nous avons déjà parlé ailleurs du bourg de Challo ou Challou-Saint-Mard, lorsque nous avons fait connaître avec de nombreux détails historiques le célèbre privilége connu dans nos annales, sous le nom de *la franchise de Challo-Saint-Mard* (2). Situé dans une vallée agréable, arrosée par la *Loüette* et la *Challoüette,* il est entouré de jolies maisons de campagne. On y voit des tuileries, des fours à chaux et de nombreux moulins. Son joli château, d'architecture moderne, appartient à M. le comte de Prunelé.

7° Chauffour.

Chauffour, 170 habitans.

A 2 l. un quart N. d'Etampes, à 11 lieues S. de Paris.

(1) Voir ci-dessus, page 104.
(2) Voir tome I, chap. vi, p. 76 et 79, et note vi, page 206.

8° ÉTRÉCHY.

Étréchy, 1,040 habitans.

Ce bourg est situé près la rive gauche de la Seine, sur la route d'Étampes à Paris, à 2 lieues N. d'Étampes et à 11 de Paris. On voit à quelque distance, dans une vallée sauvage et couronnée de forêts, les ruines de l'ancien château du *Roussay*. Carrières de grès.

On trouve dans les anciennes histoires ou chroniques le nom d'*Étréchy* suivi de cette épithète, *le larron*. Ce nom d'*Étréchy-le-Larron* provenait sans doute des vols nombreux qui se commettaient autrefois dans l'enceinte de ce bourg ou dans ses environs. On sait, en effet, que la vallée de Torfou, si voisine d'Etréchy, était jadis, au rapport du savant André Duchesne, *vraye retraite de voleurs, et recommandable à si longues années par les pilleries et les meurtres qui s'y sont faits aux siècles passés. (Antiquités des villes de France, par Duchesne.* Voir le tome Ier de ces *Essais historiques*, page 187.)

9° MAUCHAMPS.

Mauchamps, 143 habitans.

A 2 lieues et demie d'Etampes, à 11 lieues S. de Paris.

10° MORIGNY ET CHAMPIGNY.

Morigny et Champigny, 926 habitans.

Le village de Morigny, situé sur la Juine, à une demi-lieue N.-E. d'Etampes, est remarquable par sa charmante position et ses gracieux alentours. Sa petite église, ainsi que nous l'avons dit ailleurs, est un débris de l'ancienne église de l'illustre abbaye de l'ordre de Saint-Benoit, qui existait autrefois sur ces bords ; un joli château, embelli par M. de Viany, remplace aujourd'hui les anciens bâtimens de cette abbaye (1).

Les environs du village de Morigny se distinguent par leur fraîcheur et leur agrément, qui font de ce lieu une des promenades favorites des habitans d'Etampes. Le château de Jeure, remarquable par sa belle situation sur la Juine, dépend aussi de la commune de Morigny ; le parc de ce château, dont M. le comte Mollien est propriétaire, contient environ 75 arpens. Il est enclos de murs en partie et bordé de canaux remplis d'eau vive. Enfin Morigny embrasse aussi dans son territoire le parc de Brunehaut dont nous avons déjà parlé plusieurs fois avec quelques détails.

Le petit hameau de Champigny, voisin de Morigny, se compose de quelques fermes ou maisons de campagne. On y voyait autrefois, dit-on, un château où vint se retirer, après sa disgrâce, la belle Diane de Poitiers, duchesse d'Etampes.

(1) Voir au tome I, chap. VIII, p. 97 et suivantes, les détails relatifs à l'abbaye de Morigny.

11° ORMOY-LA-RIVIÈRE.

Ormoy-la-Rivière, 455 habitans.

Ce village est situé dans une jolie position sur la Juine, à 1 lieue S. d'Étampes.

12° SAINT-HILAIRE.

Saint-Hilaire, 255 habitans.

Village à 2 lieues O. d'Etampes, près la rivière de *Loüette*. Il possédait autrefois un prieuré de filles de l'ordre de Saint-Benoit, dépendant de l'abbaye de Rozoy, ou Ville-Hasson, près de Sens. La prieure était dame du village, et exerçait une pleine juridiction sur tous ses habitans.

13° SOUZY-LA-BRICHE.

Souzy-la-Briche, 155 habitans.

Petit village situé à 3 lieues d'Etampes, dans une vallée agréable.

14° VILLECONIN.

Villeconin, 540 habitans.

Village à 3 lieues N. d'Étampes, et à 12 lieues de Paris. Tuilerie et fours à chaux. — On y voit encore les ruines d'un ancien château fort. Non loin de ce village sont situés le château et le parc de Saudreville, appartenant à **M.** de Rotroú.

CANTON DE LA FERTÉ-ALEPS.

18 communes. — Population, 8,603 habitans.

1° La Ferté-Aleps ou Alais.

La Ferté-Alais, 775 habitans.

Ce bourg est situé dans une belle vallée sur la rive droite de l'Essonne, à 4 lieues N.-E. d'Étampes et 11 de Paris. C'était anciennement une place très forte. On y remarque encore une belle église et les vestiges d'un château qui a servi de prison d'état. — Exploitation de carrières de grès. — Filature hydraulique de coton. — Commerce de chevaux et de bestiaux. — Foires les 10 août, 25 septembre et le jeudi de la mi-carême. Le bourg de la Ferté-Aleps portait autrefois le nom de *Ferté-Baudouin :* il dut sans doute celui d'*Aleps* ou *Alais,* à la comtesse *Aales* ou *Adélaïde,* qui en devint suzeraine vers l'an 1109.

Ce bourg est célèbre dans l'histoire par un siége que son château eut à soutenir contre le roi Louis-le-Gros. En l'année 1108, Guy, dit le Roux de Rochefort, aidé de son fils Hugues de Crécy, l'un des plus intrépides brigands de cette époque, avait pris les armes contre le roi de France. Indigné de n'avoir pu entraîner dans son parti Eudes, son frère, comte de Corbeil, Hugues se saisit de lui à la chasse et le fait jeter pieds et mains liées en prison dans son château de la Ferté. Aussitôt les habitans de Corbeil recourent à la justice du monarque, pour tirer vengeance de l'insulte faite à leur seigneur. Le roi Louis se rend en personne sous les murs du castel où gémissait le prisonnier, et en forme le siége. Il se disposait à donner l'assaut, lorsque ses barons vinrent lui dire : « *Illustre prince , ayez pitié de nous : car si Hugues de Crécy, cet homme infâme, ce tigre altéré de sang, revient dans son château, il est assez féroce pour faire pendre de suite son frère Eudes , sans aucune formalité.* » Le roi se rendant à leurs désirs , retarda l'assaut de la forteresse d'Aleps : mais il la fit cerner de cinq tours qui furent défendues par ses hommes d'armes. Le fier châtelain ne put venir secourir son castel dont le roi se rendit bientôt maître , et l'infortuné Eudes fut délivré (1).

2° AUVERS.

Auvers, 910 habitans.

Bourg situé agréablement sur la Juine, à 2 lieues N. d'Étampes et à 11 lieues S. de Paris. On y voit aux envi-

---

(1) V. Vita Ludovici grossi a Sugerio. — Recueil des Histor. de France, t. XII.

rons le beau château dit de Gravelle , appartenant à M. le comte Perregaux , et celui de Gillevoisin dont M. Jaubert est propriétaire,

3° BAULNE.

Baulne , 320 habitans.

Village à 4 lieues N.-E. d'Étampes , à 12 lieues S. de Paris, sur la rivière d'Essonne. — Filature hydraulique de coton.

4° BOISSY-LE-CUTTÉ.

Boissy-le-Cutté , 330 habitans.

Village à 3 lieues N.-E. d'Étampes, et à 12 S. de Paris.

5° BOURAY.

Bouray, 600 habitans.

Village à 4 lieues N.-E. d'Étampes ; à 10 lieues et demie de Paris , près de la rive droite de la Seine. On voit encore à Bouray un ancien château remarquable par son architecture, sa position, et les sites pittoresques qui l'environnent. C'est le château de *Mesnil-Voisin,* dont on attribue la construction au chancelier Voisin. Il appartient aujourd'hui à M. de Rougé. Dans la commune de Bouray est aussi le château de Frémigny. Près de ce village se trouve une vieille tour, dite de *Pocancy*.

6° BOUTIGNY.

Boutigny, 560 habitans.

Village à 4 lieues E. d'Étampes, sur la rivière d'Essonne. Les maisons qui le composent ne sont point agglomérées les unes aux autres ; mais elles sont isolées et séparées par des enclos ou des jardins.

7° CERNY.

Cerny, 800 habitans.

Village à 3 lieues E. d'Étampes, près de la rivière d'Essonne. On remarque aux environs de ce village l'ancien château de Villiers, appartenant à M. le comte de Selve. Il fut jadis habité par Olivier-le-Daim, et il a été plusieurs fois détruit ou brûlé durant nos guerres civiles.

Dans les dépendances de ce château, se trouvent les ruines de l'abbaye de Villiers, antique monastère de femmes, appartenant à l'ordre de Citeaux. Fondé vers l'an 1220, il fut enrichi des dons du roi saint Louis et

des reines Blanche de Castille et Marguerite de Provence.
L'historien Claude-François Ménestrier prétend avoir vu
dans l'église de cette abbaye, en 1682, le tombeau
d'Agnès ou Anne de Russie, femme de Henri Ier, roi de
France, et fille de Ladislas Ier, empereur de Russie. On y
lisait encore, dit-il, cette inscription : *Hic jacet Domina
Agnes, uxor quondam henrici regis.* (*Voy.* une disser-
tation à ce sujet au tome XII du *Gallia Christiana,* col.
242-243.)

8° CHAMARANDE.

Chamarande, 340 habitans.

Village à 3 lieues N. d'Étampes, dans une gracieuse
position, quoique dans une vallée agreste et bordée de
rochers ; il est traversé par la Juine. Le grand et beau
château qui fait l'ornement de ces lieux appartient à M. le
marquis de Talaru, pair de France. Il fut construit en grès
et en briques dans le 17° siècle, et il est entouré de larges
fossés remplis d'eau vive. Le parc qui l'environne est,
dit-on, l'ouvrage du célèbre Le Nôtre. Il contient une magnifique futaie.

9° DHUISON.

Dhuison, 360 habitans.

Village à 3 lieues E. d'Étampes, sur la rivière d'Essonne.

10° Guigneville.

Guigneville, 200 habitans.

Petit village à 4 lieues d'Étampes, sur la rivière d'Essonne.

11° Itteville.

Itteville, 685 habitans.

Village à 4 lieues N.-E. d'Étampes. — Belle filature
de coton.

12° Lardy.

Lardy, 490 habitans.

Village à 3 lieues N.-E. d'Étampes, sur la rivière de
Juine. — Fabriques de lacets et de ganses.

13° Mondeville.

Mondeville, 520 habitans.

Village à 5 lieues E. d'Étampes ; à 12 lieues S. de
Paris.

14° Orveau.

Orveau, 147 habitans.

Petit village à 2 lieues et demie d'Étampes.

15° Torfou.

Torfou, 236 habitans.

Petit village situé dans une belle plaine à 3 lieues d'Étampes.

16° Vayres.

Vayres ou Vaires, 269 habitans.

Petit village à 3 lieues d'Étampes, sur la rivière d'Essonne. Beau château et parc, appartenant à Mme Blanchet de la Sablière.

17° Videlles.

Videlles, 625 habitans.

Village à 5 lieues E. d'Étampes.

18° Villeneuve-sur-Auvers.

Villeneuve-sur-Auvers, 285 habitans.

Petit village à 2 lieues d'Étampes.

CANTON DE MÉRÉVILLE.

20 Communes. — Population , 9,135 habitans.

1° Méréville.

Méréville, 1514 habitans.

Petite ville agréablement située dans une vallée près de la route d'Orléans, sur la rivière de Juine, à 4 lieues S. d'Étampes. Commerce considérable de denrées de toute espèce pour l'approvisionnement de Paris, de chevaux, vaches et autres bestiaux. Marchés très fréquentés, très belle halle. Foires les 14 mars, 9 mai, 15 septembre et 21 décembre.

Méréville a long-temps possédé un vieux château dont l'origine remontait à une haute antiquité. Il en est fait mention dans plusieurs de nos vieilles chroniques. Dans le onzième siècle, lorsque la reine Constance, après la mort du roi Robert, souleva contre Henri son fils aîné, qu'elle voulait priver de la couronne, les principaux seigneurs du royaume, Hugues Bardulfe, châtelain de Méréville, fut l'un de ceux qu'elle entraîna dans son parti. Henri plein de courage alla assiéger Hugues dans son castel, dont il se rendit maître. Il poursuivit ensuite son ennemi dans son château de Pluviers (Pithiviers), dont il s'empara enfin, après un siége de deux ans. Ayant ainsi dépouillé de tous ses biens ce puissant rebelle, il le bannit pour toujours du royaume.

Le château actuel de Méréville est l'une des plus belles habitations des environs de Paris : le magnifique parc qui l'environne peut être regardé comme l'un des plu beaux de la France. Ce château construit sur un vaste plan, d'après les dessins du célèbre Bellanger, est situé à mi-côte et domine le parc entier: Il se compose d'un grand bâtiment de forme régulière, flanqué de quatre tourelles et bordé d'une large terrasse d'ou la vue plongeant dans la vallée découvre des sites très pittoresques.

M. Delaborde, riche banquier de la cour, après avoir acheté la terre de Méréville de la famille Latour-Dupin, y fit faire des embellissemens et des plantations immenses. On rapporte qu'il dépensa en de pareils travaux près de *quatorze millions :* grâce à ses efforts et à son goût éclairé des arts, ce domaine devint un séjour vraiment enchanteur. Méréville, situé au milieu des plaines nues de la Beauce, est aujourd'hui un délicieux oasis au sein d'un vaste désert.

Le parc, tracé d'après les plans des célèbres artistes Joseph Vernet et Robert, embrasse dans son étendue plus de cent arpens. L'étranger qui le parcourt s'y trouve à chaque instant arrêté par de nouveaux points de vue, des sites variés, et de gracieux ou riches ornemens toujours habilement disposés pour le plaisir des yeux. Ce sont ici des îles charmantes, auxquelles on communique par des ponts élégans ; là, de bruyantes cascades dont les eaux viennent se perdre dans des grottes tapissées de mousse. Ailleurs c'est un temple en forme de rotonde entouré de colonnes, ou bien une grande et belle colonne trajane qui s'élève majestueusement dans les airs, et au sommet de laquelle conduit un escalier de quatre-vingt-dix-neuf marches ; ou bien encore un beau sarcophage dédié au capitaine Cook. Non loin d'un moulin remarquable par sa construction en forme de châlet suisse, on aperçoit une colonne rostrale en beau marbre bleu turquin : ce monument a été érigé à la mémoire de deux frères de M. Delaborde, lieutenans de vaisseau aux ordres de M. de la Peyrouse, qui périrent aux côtes de la Californie, victimes comme cet infortuné navigateur de leur courage et de leur dévouement.

La terre de Méréville est aujourd'hui la propriété de M. le comte de Saint-Roman, qui ne néglige rien pour rehausser l'éclat et accoître les agrémens de ce délicieux séjour.

2' ABBEVILLE.

Abbeville, 350 habitans.

Village à 3 lieues S. d'Étampes, dans une vallée étroite, sur le ruisseau de Climont.

3° ANGERVILLE.

Angerville, 1450 habitans.

Jolie petite ville bien bâtie, propre et bien percée, située dans une belle plaine de la Beauce, sur la route de Paris à Orléans, à 4 lieues S.-O. d'Étampes et 17 de Paris. Fabrique de bas de laine drapés ; brasseries ; commerce de bestiaux, de grains et de laines. Foires les 25 avril, 20 juillet et 3 novembre. Angerville fut, en 1815, le théâtre d'un grand conseil de guerre, tenu par le maréchal prince d'Eckmülh, commandant en chef de l'armée française alors reléguée au delà de la Loire. C'est là que cette armée, par l'organe de ses chefs, reconnut de nouveau l'autorité de Louis XVIII. M. le maréchal envoya aussitôt des députés au monarque pour lui annoncer la soumission et le respectueux dévouement des troupes de la Loire.

4° ARRANCOURT.

Arrancourt, 120 habitans.

Petit village à 2 lieues S. d'Étampes, dans une vallée étroite, sur le ruisseau de Climont.

5° BLANDY.

Blandy, 230 habitans.

Village à 4 lieues S. d'Etampes, et à 17 de Paris. On remarque dans ce village les restes d'un ancien château fort, consistant en cinq tours inégales, avec des murs de clôture de 9 pieds d'épaisseur et des fossés de 60 pieds de large ; l'une de ces tours sert aujourd'hui de logement au fermier.

6° BOIS-HERPIN.

Bois-Herpin, 105 habitans.

Petit village à 4 lieues d'Etampes : on y voit encore les restes d'un ancien château.

7° BOISSY-LA-RIVIÈRE.

Boissy-la-Rivière, 280 habitans.

Village à 2 lieues et demie S. d'Etampes, sur la rivière de Juine. On aperçoit aux environs les ruines d'un vieux château.

8° CHALOU-MOULINEUX.

Chalou-Moulineux ou Chalou-la-Reine, 420 habitans.

Joli village à 3 lieues O. d'Étampes.

La situation de ce village au bas de verts coteaux,
dans un vallon délicieux, est extrêmement pittoresque.
Sur les hauteurs voisines on aperçoit encore les ruines
d'une antique chapelle dont on ignore l'origine et l'histoire. Ces mystérieux débris vus du fond de la vallée,
dominent tout le paysage et réjouissent agréablement les
yeux du voyageur.

Le charmant vallon de Chalou-Moulineux, avec son
village, son vaste étang, ses rochers, ses collines et surtout les murs noircis de sa vieille chapelle, est sans
contredit l'un des sites les plus délicieux de toute la
contrée.

9° CONGERVILLE.

Congerville, 200 habitans.

Village à 3 lieues O. d'Étampes.

10° Estouches.

Estouches, 133 habitans.

Petit village à 3 lieues et demie d'Etampes.

11° Fontaine-la-Rivière.

Fontaine-la-Rivière, 162 habitans.

Petit village à 1 lieue et demie d'Etampes, dans une vallée étroite, sur le ruisseau de Climont.

12° Forêt-Sainte-Croix.

La Forêt-Sainte-Croix, 205 habitans.

Village à 2 lieues S.-E. d'Etampes.

13° Guillerval.

Guillerval, 630 habitans.

Bourg à 2 lieues S.-O. d'Etampes.

14° MAROLLES.

Marolles, 260 habitans.

Village à 2 lieues d'Etampes.

15° MONNERVILLE.

Monnerville, 419 habitans.

Village à 3 lieues d'Etampes.

16° PUSSAY.

Pussay, 700 habitans.

Bourg à 3 lieues S.-O. d'Etampes : on y aperçoit encore les ruines d'un ancien château fort, consistant en quatre tours et divers bâtimens qui forment deux fermes. Fabrique et commerce considérable de bonneterie drapée de laine.

17° ROINVILLERS.

Roinvillers, 120 habitans.

Petit village à 3 lieues d'Etampes.

18° SACLAS.

Saclas , 640 habitans.

Village à 2 lieues S. d'Etampes. Filature de coton et de laine ; nombreux moulins à farine.

Le village de Saclas, dont nous avons eu l'occasion de reconnaître ailleurs la haute antiquité , occupe une partie de l'emplacement de la cité de *Salioclita ,* mentionnée dans l'itinéraire de l'empereur Antonin (1). L'altération des anciennes dénominations, dont l'effet ordinaire est de les abréger , a fait dire *Salclita* au lieu de *Salioclita.* On retrouve Saclas à peu près sous cette forme dans un diplôme du roi Dagobert Ier : *Villa Sarclitœ, super fluvium Juina* (la Juine) *in pago Stampense* (le canton d'Etampes). Ces expressions désignent ici indubitablement Saclas (2).

L'église actuelle de Saclas , placée sous l'invocation de Saint-Germain d'Auxerre , est un monument du 16e siècle. Le procès-verbal de sa dédicace, faite le 21 juillet de l'an de grâce 1537, cite parmi les personnes qui furent présentes à cette cérémonie : M. *Pierre Pineau prêtre, curé de céans, noble homme Jehan de Poyloüe, escuyer seigneur du fief de Saclas, Toussaint Denis,*

(1) Voy. tome I , page 4 des *Essais historiques.*
(2) Voir d'Anville, *Notice sur l'ancienne Gaule.*

Pierre Boudier, etc. Cette même église possède une belle et ancienne cloche de l'an 1586 , sur laquelle sont gravés encore les noms des sieurs de Poyloüe avec leurs armoiries.

19° SAINT-CYR-LA-RIVIÈRE.

Saint-Cyr-la-Rivière, 370 habitans.

Village à 5 lieues S. d'Etampes, sur le ruisseau du Climont. On y aperçoit un ancien et beau château, garni de tourelles et environné de fossés remplis d'eau vive. Ce château appartient aujourd'hui à M. le comte de Choiseul d'Aillecourt, ancien préfet du département du Loiret, où son administration a laissé de précieux souvenirs.

20° THIONVILLE.

Thionville , 76 habitans.

Petit village à 3 lieues d'Etampes.

CANTON DE MILLY.

17 Communes. — Population, 8,161 habitans.

1° MILLY.

Milly, 1884 habitans.

Petite et très ancienne ville située à 6 lieues E. d'E-tampes, et à 14 lieues S. de Paris, dans une vallée agréable, sur la rive droite de la rivière d'Ecole. Commerce de grains et de bestiaux; foires les 22 janvier, 3 mai, 28 octobre et le lundi de la Pentecôte.

On remarque à Milly une place vaste et régulière, une halle spacieuse et un Hôtel-Dieu. Cette ville était jadis fortifiée et défendue par un château, qui sous le règne de Charles VII, a soutenu plusieurs siéges contre les Anglais. Ce château est encore dans un bon état de conservation; il appartient à M. Dulau d'Allemand.

2° BOIGNEVILLE.

Boigneville, 270 habitans.

Village à 5 lieues S.-E. d'Etampes, près la rivière d'Essonne.

3° BROUY.

Brouy, 210 habitans.

Petit village à 5 lieues S.-E. d'Etampes.

4° BUNO-BONNEVAUX.

Buno Bonnevaux, 400 habitans.

Village à 5 lieues E. d'Etampes.

5° CHAMPMOTTEUX.

Champmotteux, 380 habitans.

Village à 4 lieues S.-E. d'Etampes, et à 16 de Paris. Non loin de ce village est le château du Vignay où mourut le célèbre chancelier Michel de Lhospital. Son tombeau, qui avait été transporté au musée des Petits-Augustins, a été replacé dans l'église de Champmotteux en 1818. Nous croyons faire plaisir à nos lecteurs, en nous étendant un peu longuement sur la description de ces lieux illustrés par la vie et la mort d'un grand homme et d'un homme de bien. Une cérémonie intéressante dont ils furent le théâtre au mois d'octobre dernier, nous fournit à ce sujet de précieux documens dont nous nous empressons de profiter.

. Le mardi 8 novembre 1836 , dans la séance de rentrée de la Cour de cassation , M. le procureur-général Dupin a consacré presque tout son discours au récit d'un péle-rinage qu'il venait de faire au dernier asile du chance-lier Lhospital. Après avoir raconté que le château du Vignay fut le séjour de ce grand homme après sa retraite , et décrit la vie calme et studieuse qu'il menait dans ce nouveau Tusculum , l'orateur poursuit ainsi :

— « C'est à Vignay que Lhospital est mort, le 13 mars 1573 , après avoir échappé l'année précédente au mas-sacre de la Saint-Barthélemy ; son corps fut inhumé dans l'église paroissiale du village de Champmotteux. Un mo-deste tombeau lui fut élevé par sa veuve et ses petits-en-fans dans une chapelle latérale ; c'était un cénotaphe surmonté d'une table de marbre noir , sur lequel repo-sait l'image du chancelier en robe, avec sa longue barbe, telle qu'il la portait dans les derniers temps ; en face , du côté gauche , était une statue de saint Michel , patron de Lhospital , terrassant le dragon , symbole de la violence et de l'injustice.

« Ce monument, objet de la vénération publique , avait subsisté sans altération jusqu'en 1793. A cette époque, trop semblable à celle où Lhospital avait vécu, il fut l'objet d'une odieuse profanation. Une troupe d'é-meutiers étrangers à la commune y fut envoyée en déta-chement par le comité révolutionnaire , avec la mission de renverser le tombeau de Lhospital, qualifié *d'aristo-cratie* ...

« En 1795, la république étant revenue de ses *préven-
tions* contre Lhospital, le directoire eut l'idée de lui dé-
cerner les honneurs du Panthéon ! Des commissaires furent envoyés sur les lieux ; mais ils constatèrent que le
monument n'était plus transportable.

« En 1818, sous le ministère de M. Lainé, bien digne
d'encourager un tel projet, un membre de la chambre
des députés, M. de Bizemont, alors propriétaire du
Vignay, fit rechercher avec soin les débris du tombeau
qui étaient demeurés ensevelis sous les décombres. La
tête entière et une partie de la statue furent retrouvées ;
la table de marbre avait été renversée sans trop se briser,
et il fut possible de restaurer la figure et de rétablir le
tombeau sur trois faces, à peu près tel qu'il était originairement.

« En 1834, M. Aubernon, préfet de Seine-et-Oise,
ayant visité l'église de Champmotteux, fut frappé de l'état
de délabrement où était cet édifice, et surtout la chapelle
où se trouvait le tombeau du chancelier ; il conçut le
projet de rendre cette restauration plus complète. Dans
cette vue, il ouvrit une souscription ; le roi, le prince
royal, la Cour de cassation en corps, la Cour des comptes,
un grand nombre de députés, quelques pairs, plusieurs
Cours royales, le barreau de Paris, et à son exemple,
les barreaux des autres siéges, répondirent à cet appel.
Un habile sculpteur (M. Marochetti) et M. Bonnet, ar-
chitecte, agirent de concert pour réparer à la fois l'église et
le tombeau avec ses accessoires, et le dimanche 30 octobre fut indiqué pour le jour de l'inauguration.

« Le préfet, accompagné du général Lawoestine et

du conseil de révision, alors en tournée, arriva la veille chez M. de Bizemont, au château de Gironville : je m'y trouvai également.

« Le lendemain, avant d'aller à l'église de Champmotteux, nous nous rendîmes à pied à la résidence du Vignay.

« Je plains ceux qui, en approchant des lieux qui rappellent de tels souvenirs, n'éprouvent aucune émotion ! Ils n'ont le sentiment ni des grands hommes, ni des grandes choses ! A peine étions-nous en vue du modeste château que mon regard avide cherchait cette seconde porte que Lhospital voulait qu'on ouvrît aux gens de la Saint-Barthelemy, si la première n'était pas suffisante. Elles existent encore toutes deux.

« Nous pénétrâmes dans un vestibule au fond duquel est un escalier dont la voûte sillonnée en arceaux du moyen âge, est toujours dans un parfait état de conservation ; sous cette voûte, au rez-de-chaussée, près d'une basse porte qui conduit au jardin, est une retraite où pendant long-temps, qui le croirait ? furent déposés les titres les plus précieux des archives de France.......

« Parmi les salles basses, on retrouve cette salle à manger témoin de la frugalité du chancelier, où le maréchal de Strozzi et Brantôme qui raconte le fait, le trouvèrent dînant avec du *bouilli seulement,* car, dit l'historien, *c'etoit son ordinaire pour les disners.* On peut se faire une idée de la simplicité de sa vaisselle lorsqu'on lit dans une épître qu'il écrivait à l'un de ses amis pour l'inviter à dîner : « Le service ne sera point trop rustique ; « vous verrez *une salière d'argent* que ma femme a

« rapportée de la ville, et qu'elle y reporterait de
« nouveau si je pouvais y retourner. »

« A l'entrée du deuxième jardin est un if près duquel
le chancelier aimait à se reposer sur un banc de bois ;
cet if, aujourd'hui monumental par le développement ex-
traordinaire qu'il a pris pendant près de trois siècles,
forme à lui seul un cabinet entier ; on l'appelle encore
l'if du chancelier.

« La femme de Lhospital était douée d'un dévouement
parfait pour son illustre époux : il était trop occupé pour
se mêler de ses affaires domestiques ; elle seule en avait
pris tout le soin. Le vieux Vignay était tombé en ruines ;
elle fit rebâtir l'habitation nouvelle ; elle avait ménagé
dans l'intérieur une galerie ouverte à la manière des Ita-
liens, chez qui Lhospital avait passé les années de son exil.
Elle seule avait dirigé les plantations ; lui-même a légué
ces détails à la postérité.

« Ma maison, écrit-il à l'un de ses amis, est assez
« vaste pour loger son maître avec trois et même quatre
« amis ensemble ; vous verrez à deux pas ce plant d'ormes
« si sagement imaginé pour nous défendre du soleil.
« C'était un champ sous l'ancien propriétaire ; on y mois-
« sonnait : *ma femme* a changé sa destination en arrivant
« ici, elle a continué le bois jusqu'à la maison ; *c'est*
« *une prolongation d'ombrage qu'elle a voulu me mé-*
« *nager*. Là, je m'égare au retour de l'aurore, je fais des
« vers, j'y compose des bagatelles ; je m'y promène tout
« seul jusqu'au moment *où la voix de ma femme m'in-*
« *vite au souper préparé de sa main*. » On retrouve ici
les mœurs des héros d'Homère.

« Cette sollicitude de la vertueuse compagne du chancelier, pour lui éviter les soucis du ménage, est attestée par une inscription latine placée au premier étage, au dessus de la porte du salon. On y rappelle que cette maison fut bâtie par Marie Morin, femme du chancelier, en 1563, pendant la minorité de Charles IX.......

« Dans le salon, pièce assez vaste, est toujours demeuré (chose bien rare après plus de deux siècles et demi d'intervalle, et quand une maison est sortie de la famille pour aller à des étrangers) le portrait original de Michel Lhospital, en robe noire, la main droite appuyée sur une boîte fleurdelisée, contenant les sceaux de l'état. Le vertueux Malesherbes, dont le château est peu éloigné, et qui chaque année venait à pied au Vignay *pour rendre sa visite au chancelier de Lhospital,* reconnut cette boîte et dit que c'était encore la même qui servait au même usage en 1789.

« Lhospital travaillait au second étage, dans un fort petit cabinet où étaient ses livres de prédilection. A côté, était une galerie et d'autres pièces dans l'une desquelles existe encore, bien vieux et fort délabré, après 276 ans d'abandon, le bureau ou secrétaire du chancelier, avec tout l'attirail de tiroirs et la variété de sculptures et d'ornemens qui distinguent les meubles du moyen âge, aujourd'hui remis en vogue par un caprice de goût. Jugez si je dus m'estimer heureux, quand j'entendis le propriétaire du Vignay me dire qu'il faisait cadeau de cette précieuse relique au procureur général de la Cour de cassation.

« Quant aux livres du chancelier, il n'en est pas resté

un seul au Vignay ; comme il n'avait qu'une fille, par son testament il déclara léguer *toute sa librairie et. bibliothèque* à l'un de ses petits-fils, non à titre de prérogative d'aînesse, mais à celui qu'il supposait *le plus idoine et le plus affectionné aux bonnes lettres que ses autres petits-enfans :* il en usa de même pour ses manuscrits....... »

« Fatale destinée des grands hommes ! Il semble que leur race, comme épuisée en eux, ne puisse vivre ni les continuer ! Un des marbres placés sur la tombe de Lhospital atteste que ce monument lui fut élevé par sa fille, alors mère de *neuf enfans !* Et au jour des secondes funérailles du chancelier, au milieu d'un si grand nombre de spectateurs, il ne s'est pas trouvé une seule personne qui se rattachât à sa famille ! » —

L'inauguration du tombeau du chancelier Lhospital eut donc lieu dans l'église de Champmotteux, le dimanche 30 octobre 1836. L'auteur de ces *Essais historiques,* qui avait été l'un des témoins de cette pieuse cérémonie, essaya de la raconter quelques jours après dans une feuille périodique. Qu'on nous permette de rappeler ici ces quelques lignes pour compléter ce qui nous reste à dire sur un si intéressant sujet.

« La journée du dimanche 30 octobre a été signalée à Champmotteux par une pieuse cérémonie, qui laissera quelques souvenirs parmi les habitans de cette simple bourgade. Vers l'heure de midi, de nombreux équipages stationnaient devant la modeste église de ce village ; et des hameaux voisins et de la ville d'Étampes, une foule empressée était accourue et remplissait son étroite enceinte :

tous étaient là réunis pour rendre un éclatant hommage
à la mémoire d'un homme vertueux, dont les restes reposent dans une chapelle de cette même église, si petite et si humble. Son nom est Michel de Lhospital, et sa dignité fut celle de chancelier de France.

« Cet illustre magistrat eut à vivre, comme on sait, dans les temps les plus difficiles. Son pays était alors tourmenté par des querelles civiles et religieuses ; les têtes fermentaient à l'envi, des haines vives et profondes étaient dans tous les cœurs, et la modération, cette vertu du sage, semblait être entièrement exilée d'ici-bas. Lhospital fut choisi du ciel pour donner au monde un grand exemple de fermeté et de justice, il avait pris pour devise ces paroles d'Horace : *Si fractus illabatur orbis, impavidum ferient ruinæ;* et cette constance du juste fut durant toute sa vie la règle de sa conduite. Mais cette jalousie et cette haine qu'il s'efforçait d'arracher du cœur des hommes, ne tardèrent pas à l'atteindre lui-même ; sa foi devint suspecte, et sa modération parut un crime contre l'état. Lhospital se voyant dans l'impuissance de faire le bien, déposa les sceaux et se retira dans son domaine du Vignay, près Champmotteux, à quelques lieues d'Étampes. C'est dans cette douce retraite qu'il coula désormais ses jours heureux et paisibles, partagés entre les plaisirs de la campagne, les charmes de la poésie latine, les entretiens de ses amis et l'éducation de ses enfans. Quelques personnes lui faisaient craindre, même dans cet asile, les attaques de ses ennemis : « — *Vignay*, répondit-il, « *n'a il est vrai, ni fossés, ni tourelles, mais ma*

« *confiance est en Dieu, mon seul et mon plus fort*
« *appui.* »

« C'est de là qu'il écrivait aussi un jour ces touchantes
paroles. — « *J'ignorais que la vie et les plaisirs cham-*
« *pêtres eussent tant de charmes. J'ai vu blanchir*
« *mes cheveux, avant que de connaître l'état dans*
« *lequel je pouvais rencontrer le bonheur... Que si*
« *quelqu'un s'imagine que je me croyais heureux dans*
« *ce temps où la fortune semblait s'être fixée sur moi...,*
« *et qu'à présent je me crois malheureux d'avoir perdu*
« *tous ces brillans avantages, ah! que cet homme*
« *ignore bien le fond de mon cœur!* » — Aux jours né-
fastes de la Saint-Barthélemy, Lhospital vit sa retraite du
Vignay assaillie par une bande de furieux qui, l'accusant
de complicité avec les calvinistes, venaient attenter à sa
vie; ses amis le pressaient vivement de songer à sa défense. — « *Gardez-vous de les arrêter*, leur répondit-il;
« *mais si la petite porte du château ne suffit point pour*
« *les laisser entrer, faites ouvrir la grande.* » — Cependant des émissaires de Charles IX étaient accourus; et
après avoir réprimé la violence de cette horde forcenée,
ils viennent annoncer à Lhospital que le roi veut bien lui
faire grâce. — « *Que dites-vous?* » répond le chancelier
sans s'émouvoir, « *je ne croyais avoir mérité ni la mort*
ni mon pardon. »

« Les restes de Michel Lhospital avaient été inhumés
dans l'église de Champmotteux, et dans cette même enceinte sa famille et ses amis lui avaient érigé un tombeau.
Détruit durant nos troubles politiques, ce tombeau vient
d'être restauré ainsi que l'église entière, par les soins

de M. de Bizemont, propriétaire actuel du château du Vignay, et les souscriptions volontaires d'un grand nombre de magistrats. Or, c'était l'inauguration de ce précieux monument qui rassemblait à Champmotteux un concours inusité d'étrangers, et quelques uns des principaux notables du département. La cérémonie a été simple et noble comme l'homme de bien qu'elle devait honorer : après une messe basse célébrée par le pasteur du village dans la chapelle du tombeau, M. Aubernon, préfet de Seine-et-Oise, a rappelé dans un discours plein de noblesse et de dignité, les hautes vertus et les traits les plus saillans de la vie de Lhospital. M. Dupin, président de la chambre des députés, est venu ensuite au nom de la magistrature payer un tribut à l'un des plus illustres magistrats dont la France s'honore. Son improvisation chaleureuse a vivement intéressé l'auditoire. Enfin M. Delaborde, député de l'arrondissement d'Etampes, a fait entendre aussi quelques paroles écoutées avec un profond recueillement. L'assemblée s'est ensuite séparée en silence ; mais chacun en sé retirant tournait une fois encore les yeux vers le tombeau de Lhospital, et s'applaudissait de cet hommage rendu, sous les auspices de la religion, au génie et à la vertu. » (L'Univers, n° du 4 novembre 1836.)

6° COURANCE.

Courance, 425 habitans.

Village à 6 lieues E. d'Etampes. Tuileries et fours à

plâtre ; beau château apartenant à M. le marquis de Nicolaï. Le parc est arrosé d'eaux vives agréablement distribuées, provenant de la rivière d'Ecole.

7° COURDIMANCHE.

Courdimanche, 126 habitans.

Petit village à 4 lieues d'Etampes, sur la rivière de Juine. On y voit le château dit de *Bellebat*, appartenant à madame la marquise de Rennepont.

8° DANNEMOIS.

Dannemois, 430 habitans.

Village à 6 lieues E. d'Etampes, sur la rivière d'E-cole.

9° GIRONVILLE-SOUS-BRUNO.

Gironville, 355 habitans.

Village à 4 lieues E. d'Etampes, près de l'Essonne, avec un beau château appartenant à M. le comte de Bizemont.

10° Maisse.

Maisse, 835 habitans.

Village à 4 lieues S.-E. d'Etampes, et à 15 lieues S. de Paris, sur la rivière d'Essonne. Commerce de bestiaux, mercerie, quincaillerie. Foires les 9 juin, 25 novembre, et le lundi après le 8 septembre.

Le territoire de Maisse possède un beau château, dont M. de Trimont est le propriétaire.

11° Mespuits.

Mespuits, 220 habitans.

Joli village à 3 lieues d'Etampes.

12° Moigny.

Moigny, 600 habitans.

Village à 5 lieues E. d'Etampes, sur la rivière d'Ecole.

13° Oney.

Oney, 160 habitans.

Petit village à 6 lieues d'Étampes, et à 15 lieues S. de Paris, près de la rivière d'Ecole.

14° PRUNAY.

Prunay, 98 habitans.

Petit village à 2 lieues d'Etampes.

15° PUISELET-LE-MARAIS.

Puiselet-le-Marais, 234 habitans.

Petit village à 2 lieues d'Etampes.

16° SOISY-SUR-ECOLE.

Soisy-sur-Ecole, 465 habitans.

Village à 6 lieues E. d'Etampes, sur la rivière d'Ecole.

17° VALPUISEAUX.

Valpuiseaux, 405 habitans.

Village à 3 lieues E. d'Étampes.

NOTES

ET

PIÈCES JUSTIFICATIVES.

NOTE I.

Érection du Comté d'Étampes en duché, par François Ier, au mois de janvier 1536.

(Chap. XVII, p. 70.)

François, par la grace de Dieu, roi de France, sçavoir faisons à tous présens, et à venir, que nous considérant que le comté d'Estampes est de belle, et de grande estendue, et de bon et gros revenu : tenu et réputé une des plus notables, et anciennes maisons de nôtre roiaume, dont dépendent plusieurs beaux fiefs, et arrière-fiefs, vassaux, sujets, places et seigneuries : voulant pour la décoration de notre dit roiaume eslever le dit comté en plus haut titre et dégré ; Nous, à ces causes, par l'avis et délibération des princes de notre sang, et des gens de notre conseil privé, avons de nôtre certaine science, propre mouvement, pleine puissance, et autorité roiale, iceluy comté d'Estampes eslevé, erigé, et decoré : et par ces présentes élevons, et décorons de tiltre, nom, autorité, et prérogative de duché : et tel voulons qu'il soit tenu et réputé à tousjours perpetuellement : et à ce que le dit comté, puisse mieux estre, et durer es dits noms, et dignité de duché. Nous à iceluy avons de nôtre certaine science, uny et incorporé : et par ces presentes unissons, et incorporons les chastellenies, terres, et seigneuries de Dourdan, et la Ferté Alès, aux honneurs, privilèges, prérogatives, libertez, franchises, exemptions, et prééminences appartenant à duché, sous une seule foy et hommage de nous et de notre couronne, et sous le ressort immédiat de nôtre cour de parlement : voulant que tous les vassaux, et autres gens de quelque autorité, et condition qu'ils soient, tenans noblement, ou roturièrement des dits comté d'Estampes et châtellenies de Dourdan, et la Ferté Alès, quand ils feront doresnavant leurs hommages, et bailleront leurs dénombremens, et adveus, les fassent, et baillent sous le nom et tiltre de duché, et semblablement tous leurs autres actes, et reconnaissances : si donnons en mandement par ces mêmes présentes à nos améz, et féaux les gens tenans, et qui tiendront nôtre dite cour de parlement, gens de nos comptes à Paris, et à tous nos autres justiciers et officiers, ou à leurs lieutenans, et à chacun d'eux en droit soy, et si comme à lui appartiendra, que ces présentes ils fassent, afin de perpetuelle mémoire, lire, publier, et enregistrer en nôtre cour de parlement, chambre des comptes, et partout ailleurs, où il appartiendra ; que le contenu en icelles entretiennent, gardent, observent, et fassent entretenir, garder, et observer : ne permettent qu'il soit fait ores, ne pour le temps à venir aucune chose au contraire, en quelque manière que ce soit. Car tel est notre plaisir. Et afin que ce soit chose ferme et stable à tousjours, nous avons à ces présentes fait mettre, et apposer nôtre scel.

Donné à Paris, au mois de janvier, l'an de grâce MDXXXVI et de notre régne le XXIII.

Nota. — On doit remarquer que par ce titre d'érection, François Ier unit et incorpore au duché d'Étampes les châtellenies et seigneuries de Dourdan et de la Ferté-Aleps : ce qui accrut dès lors considérablement ce domaine.

NOTE II.

Tableau historique et chronologique indiquant la filiation des divers suzerains d'Étampes. (Princesses, comtes, ducs et duchesses, etc.) (1).

(Chapitre **XXI**, page 132.)

Le territoire d'Étampes, ainsi que nous l'avons dit ailleurs, n'avait cessé jusqu'au treizième siècle de faire partie du domaine de la couronne. L'histoire nous apprend que depuis Philippe Ier, les rois y nommaient un *vicomte* pour y percevoir leurs droits et exercer leur juridiction. On cite parmi eux Gui, fils de Hugues du Guiset. Ce seigneur, qui demeura toujours fidèle à la fortune de son prince Louis-le-Gros, avait acquis ce titre de *vicomte d'Étampes*

---

(1) Nous ne pouvons qu'indiquer dans ce tableau les noms et titres des divers suzerains d'Étampes. Nous renvoyons pour les détails historiques concernant la transmission de ce territoire entre les mains de ses différens possesseurs , aux chapitres divers de cet ouvrage.

par son mariage avec la fille de Marchis qui possédait déjà cette dignité. On pourrait conclure de là, dirons-nous encore, que cette charge, du moins à cette époque, était héréditaire et non une simple commission.

1° Blanche de Castille, reine de France, suzeraine
d'Étampes.   Année 1240.

La reine Blanche de Castille, femme de Lonis VIII, et mère de saint Louis, reçut des mains de son fils, pour en jouir sa vie durant, la terre et seigneurie d'Étampes, avec celles de Pontoise, de Dourdan, de Corbeil et de Melun. Ces domaines lui furent concédés en dédommagement de son douaire, dont elle s'était désistée en faveur de son fils Robert, lors du mariage de ce prince avec Mathilde, fille aînée de Henri I, duc de Brabant. A la mort de Blanche de Castille, en 1252, la seigneurie d'Étampes rentra dans le domaine de la couronne.

2° Marguerite de Provence, reine de France, suzeraine d'Étampes.   1272.

En 1272, la seigneurie d'Étampes fut détachée de nouveau du domaine de la couronne, pour composer avec d'autres terres le douaire de la reine Marguerite de Provence, femme de saint Louis. A la mort de cette princesse, en 1295, ce territoire retourna entre les mains des rois de France.

3° Louis d'Évreux, fils du roi Philippe-le-Hardi,
seigneur apanagiste d'Étampes.   1307.

Le roi Philippe-le-Hardi avait ordonné en mourant, que Louis, comte d'Évreux, son fils, fut apanagé de 15,000 livres de pension annuelle, assignées sur des terres nobles en baronnie. Ce fut en payement de cette

somme que ce seigneur reçut de Philippe-le-Bel, son
frère, la jouissance perpétuelle pour lui et ses descendans, de la prévôté et châtellenie d'Étampes, d'Évreux,
Gien et autres lieux.

4° Charles d'Évreux, premier comte apanagiste
d'Étampes.   1319

Charles d'Évreux, second fils de Louis d'Évreux, lui
succéda dans la possession de la baronnie d'Étampes. Ce
fut en son honneur que Charles IV, dit le Bel, son cousin, érigea cette baronnie en comté.

Érection de la baronie d'Étampes en comté, sept. 1327.
5° Louis II, d'Évreux, fils de Charles d'Évreux,
    2ᵉ comte d'Étampes.   1336.
6° Jean de France, duc de Berri et d'Auvergne, et
    3ᵉ fils du roi Jean, 3ᵉ comte d'Étampes.   1384.

(Voir tome II, pages 5 et 6, les détails concernant la
transmission du comté d'Étampes entre les mains de Jean
de France, duc de Berri.)

7° Étampes sous la domination de la maison de
Bourgogne.
1° Philippe *le hardi*, duc de Bour-
    gogne.
2° Jean *sans peur*,   id.   Comtes d'Étampes.
3° Philippe *le bon*,   id.   —
4° Jean de Bourgogne, comte de   Voir chap. XIII et
    Nevers.   XIV.
8° Arrêt du parlement de Paris, qui réunit le comté
    d'Étampes à la couronne.   1478.
9° Jean de Foix, vicomte de Narbonne, comte

d'Étampes. 1478.

10° Gaston de Foix, duc de Nemours, comte
d'Étampes. 1500.

Mort au siége de Ravenne en 1512.

11° Retour du comté d'Étampes au domaine de la
couronne. 1512.

12° Anne de Bretagne, reine de France, comtesse
d'Étampes. 1513.

(Voir chap. XV.)

13° Claude de France, comtesse d'Étampes. 1514.

Morte à Blois en 1524. (Voir chap. XV.)

14° Retour du comté d'Étampes au domaine de la
couronne. 1524.

15° Anne de Pisseleu, comtesse, puis duchesse
d'Étampes. 1534.

Érection du comté d'Étampes en duché. 1536.

16° Retour du duché d'Étampes au domaine de la
couronne. 1547.

17° Diane de Poitiers, duchesse d'Étampes. 1553.

(Voir chapitre XVI.)

18° Retour du duché d'Étampes au domaine de la
couronne. 1559.

19° Jean de Brosses ou de Bretagne, mari d'Anne
de Pisseleu, recouvre le duché d'Étampes en 1562.
et le conserve jusqu'à sa mort en 1564.

20° Retour du duché d'Étampes au domaine de la
couronne. 1564.

21° Jean Casimir, fils de Frédéric III, électeur palatin, devient duc d'Étampes, par suite d'un
traité de paix conclu avec les Calvinistes, au secours desquels il était venu avec une armée. 1576.

22° Catherine de Lorraine, duchesse de Montpensier, duchesse d'Étampes.   1578.

23° Marguerite de Valois, femme de Henri de Bourbon, et depuis Henri IV, duchesse d'Étampes.   1582.

24° Gabrielle d'Estrées, duchesse de Beaufort, duchesse d'Étampes.   1598.

Maison de Vendôme.

25° César, duc de Vendôme, fils naturel de Henri IV et de Gabrielle d'Estrées, duc d'Étampes, en   1599.

26° Louis de Vendôme et de Bourbon, duc de Mercœur, devient duc d'Étampes, en   1654.

(Par un titre de son contrat de mariage avec Laure-Victoire Mancini, nièce du cardinal Mazarin).

27° Louis-Joseph, fils de Louis de Vendôme, duc d'Étampes, marié en 1710 à Anne de Bourbon, petite-fille du grand Condé.

(Mort sans postérité en 1712).

28° Marie-Anne de Bourbon, veuve de Louis-Joseph de Vendôme, reste duchesse d'Étampes en   1712.

29° Anne palatine de Bavière, fille d'Édouard de Bavière, prince palatin du Rhin, et veuve de Henri-Jules de Bourbon, fils du grand Condé, devient duchesse d'Étampes en   1718.

30° Louise-Élisabeth de Bourbon, princesse de Conti, duchesse d'Étampes.

31° Louise-Henriette de Bourbon-Conti, femme de Louis-Philippe d'Orléans, duchesse d'Étampes.   1752.

32° Louis-Philippe-Joseph d'Orléans, dernier duc d'Étampes.   juin 1779.

NOTE III.

(Chap. XXI, p. 140.)

On trouve des détails précis et assez curieux sur les illuminations et les frais que fit la ville en cette occasion,
dans une délibération du conseil de ville d'Etampes du 4
février 1745, provoquée par M. de Gomberville, maire, et
M. Hochereau, échevin : on y décida que pendant le séjour de la cour à Etampes, il serait fait une illumination
brillante, le premier jour depuis le logis du roi jusqu'à
celui de Mgr. le Dauphin, au moyen de trente caisses
supportant des girandoles et les chiffres du roi, garnies
chacune de 250 lampions ; le second jour, depuis l'hôtel
occupé par Mgr. le Dauphin jusqu'à celui où devait descendre madame la Dauphine, le logis du roi se trouvant
entre deux ; cette seconde illumination devait avoir lieu
au moyen de 70 caisses pareilles à celles de la veille :
l'Hôtel-de-Ville devait être pareillement illuminé, et les jardins des trois logis royaux éclairés pendant toute la nuit
par des terrines *posées avec dessein*. Le nombre des
lampions nécessaires fut évalué de vingt à vingt-deux

mille, et celui des terrines à deux mille au moins, pour que l'illumination eût son effet. L'adjudication de cette fourniture et de quelques ouvrages accessoires, mise au rabais, fut faite le 7 février, au prix de 4500 livres, à M. Guestard, qui eut pour concurrent MM. Laumosnier et Villemain.

Il est dit dans cette délibération que la ville n'est pas riche, que les dépenses du séjour du roi ne seront que trop considérables, mais qu'il n'est pas possible de moins faire en cette occasion, etc. (Voir la délibération du conseil de ville du 4 février 1745.)

NOTE IV.

Eclaircissemens et détails historiques sur la coutume du bailliage d'Étampes (1).

La coutume du bailliage d'Etampes, comme toutes les autres coutumes de la France, exista long-temps par une tradition successive avant d'être rédigée par écrit. Son origine particulière est très difficile à déterminer. Quelques jurisconsultes ont cru que les coutumes d'Etampes avaient été introduites par les Bretons, dont un grand nombre était venu habiter cette contrée, lorsqu'elle tomba en la possession des ducs de Bretagne. Mais si leur opinion était véritable, nous retrouverions sans aucun doute dans cette ville quelques dispositions qui rappelleraient les mœurs ou usages des Bretons. Or il n'en est point ainsi. D'autres, s'appuyant sur l'autorité de Dumoulin et de Julien Brodeau, pensent qu'Etampes, durant tout le

(1) Tous les détails consignés ici sont extraits du *Nouveau Coutumier général.*

temps qu'elle demeura une châtellenie dépendant de la prévôté de Paris, n'eut pas de coutume particulière et se gouverna par la coutume de Paris. On trouve cependant dans Chopin (Commentaire sur la Coutume d'Anjou) un passage qui ne permet pas de douter qu'Etampes n'ait eu une coutume à elle propre, dès l'an 1270.

La coutume d'Etampes, comme celle des autres villes du royaume, se composait d'usages établis successivement. Aucune d'elles n'était encore rédigée au quatorzième siècle. Frappé des inconvéniens qui résultaient souvent du défaut d'un texte certain, Charles VIII, en 1453, ordonna de rédiger les Coutumes par écrit. Mais de longues années s'écoulèrent avant que cette disposition reçût son entière exécution. La coutume d'Etampes n'était point encore rédigée cent ans après l'ordonnance de Charles VIII. Enfin, le 19 août 1556, le roi Henri II commit un président et un conseiller au parlement de Paris, pour procéder à la rédaction de la Coutume d'Etampes.

Nous rappellerons en peu de mots les formalités qui furent suivies pour cette rédaction. Elles prouvent qu'encore au seizième siècle, le pouvoir législatif n'était point concentré dans la personne du roi, et que l'intervention du peuple était jugée nécessaire pour la confection des lois qui n'étaient pas des réglemens de police ou d'administration, mais qui concernaient les droits des personnes sociales.

1° Les commissaires royaux mandèrent aux bailli et prévôt d'Etampes de convoquer tous et chacun des prélats, abbés, chapitres, colléges et personnes ecclésiastiques, ducs, comtes, barons, châtelains et seigneurs justiciers, les officiers du roi, avocats et procureurs, les bourgeois et gens du tiers état des villes, villages et lieux enclavés dans le bailliage d'Etampes, pour comparaître audit Etampes à certain jour, afin d'y voir procéder à la rédaction des coutumes du dit bailliage;

2° En exécution de cette ordonnance, Nicolas Petau, docteur ès-droits, bailli d'Etampes, et Simon Audren, licencié ès-lois, prévôt de la même ville, mandèrent au premier sergent royal du bailliage de citer les personnes composant les trois états à comparaître à Etampes le 21 septembre 1556;

3° Ce même jour les cahiers des coutumes furent présentés par les officiers du roi en cette ville aux commissaires royaux : Christophe de Thou, président, Barthélemy Faye et Jacques Viole, conseillers au parlement. Le lendemain, 22 septembre, les commissaires se transportèrent en la salle des plaids du séjour du dit Etampes, préparée pour la rédaction de la coutume. Le greffier du bailliage, Lubin Regnard, donna lecture des ordonnances du roi, et appela les gens des trois états.

4° Après cet appel, on ouït diverses réclamations, soit de la part du substitut du procureur du roi d'Orléans, soutenant que les habitans de Guillerval, Angerville, Monnerville, etc., étaient régis par les coutumes d'Orléans; soit du chapitre d'Orléans, prétendant que le village de Ménilgiraut, dont il était seigneur, était régi par la coutume de Lorris; soit enfin des seigneurs et habitans de Vaires, Dhuison, Villiers, Bouville et Farcheville, assurant qu'ils étaient gouvernés par la coutume de Paris. Toutes ces prétentions furent combattues par le procureur du roi d'Etampes, et les parties renvoyées devant le parlement pour y faire valoir leurs moyens.

5° On commença ensuite la lecture des articles de la Coutume, présentée par les officiers du roi à Etampes. Ce travail fut continué les 23, 24, 25, 26 et 28 septembre. La Coutume d'Etampes se composait de 193 articles répartis sous 15 titres. Les personnes présentes n'avaient pas seulement été appelées pour en entendre la lecture, elles étaient admises à discuter chacun des articles, à défendre leurs droits. Aussi, d'après l'avis de divers membres des trois états, plusieurs amendemens furent-ils ajoutés à la rédaction primitive.

6° Le procès-verbal constatant les opérations de cette assemblée des trois états, offre un intérêt particulier en ce qu'il indique les noms des personnes qui furent appelées à la rédaction de cette coutume. Il contient aussi un état exact et authentique des établissemens publics qui existaient alors à Etampes ou aux environs. En y lisant les noms des personnes qui comparaissaient pour l'état de la noblesse, on apprend d'une manière sûre et positive à quelles familles appartenaient alors les terres et châteaux situés aux environs de la ville: tandis que les noms des officiers du roi exerçant alors diverses charges à Etampes indiquent quelles étaient alors les magistratures de cette cité, et les personnes qui les remplissaient. Nous citerons quelques fragmens de ce procès-verbal.

« Ont comparu pour l'état de l'église : révérend père en Dieu frère Jean Hurault, abbé de Morigny, et les religieux de la dite abbaye, seigneurs de Morigny, Etréchy, Bouves, Maisons et Gommarville, Bissay, Guillerville et Bleville; les chantres et chanoines de l'église collégiale de Notre-Dame d'Etampes; les doyen, chantres et chapitre de l'Eglise Sainte-Croix dudit Etampes; M. Martin Seguier, prieur du prieuré Saint-Pierre d'Etampes; le prieur de Saint-Martin d'Etampes; Pierre Legendre, prêtre chevecier, curé de l'église Notre-Dame d'Etampes; les curés des églises paroissiales de Saint-Basile, de Saint-

Gilles, de Saint-Martin ou de Saint-Pierre, faubourg d'E-
tampes; frère Antoine de Lyon, commandeur d'Etampes,
seigneur chatelain de *Challou-la-Reyne*; frère Louis Scu-
déry, de l'ordre des Mathurins, ministre de la maison de
la Trinité au dit Etampes; Guillaume Viard, commandeur
de Chaufour; M° Claude de Corilly, prieur du prieuré
Saint-Pierre de Méréville; sœur Jeanne de Coussy, prieure
du prieuré Saint-Hilaire; M° Jacques Yvon, prêtre, maître et administrateur de la Maladrerie de Saint-Lazare
d'Etampes; M° François de Brives, chevalier, commandeur de Saint-Jacques de l'Epée, faubourg d'Etampes;
les maîtres gouverneurs et administrateurs de l'Hôtel-
Dieu d'Etampes; Jean Hûe, Claude Godin, Charles
Guétard et Pierre Perrot, bourgeois d'Etampes; M° Jacques Vincent, maître administrateur de l'hôpital Saint-
Antoine du dit Etampes; M° Simon Charbonnier, maître
et administrateur de l'hôpital Saint-Jean, faubourg
Saint-Martin d'Etampes; M° François Mérault, prêtre,
maître et administrateur de la Maladrerie Saint-Nicolas
d'Etréchy. Viennent ensuite les curés des villages régis
par la coutume d'Etampes.

« Pour l'état des nobles, sont comparus : M° François
Olivier, chancelier, de France, seigneur de Bois-Mircier;
noble homme Michel l'Hospital, conseiller du roi *notre
sire,* premier président en sa chambre des comptes, seigneur de Vignay; François de Reilhac, chevalier, seigneur
de Méréville; Claude de Chatillon, seigneur de Bouville,
Farcheville, Villeneuve-sur-Auvers; noble homme et sage
maître Augustin de Thou, avocat en la cour du parlement
à Paris, seigneur d'Abeville et Javerey; Lazare de Selve,
écuyer, seigneur de Cormière, Villiers le Chastel et Cerny; Jean Francisque de Selve, seigneur de Duyson; Re-
né de Prunelé, seigneur de Laporte et Gaudreville. Au

nombre de ceux contre lesquels défaut est donné, figure Nicolas Poilloüe, écuyer, seigneur du fief de Poilloüe assis à Saclas.

« Aussitôt après les nobles, sont comparus les officiers du roi, au dit Étampes ; à savoir : Nobles hommes et sages : Maître Nicolas Petau, Bailly d'Étampes ; Claude Cassegrain, lieutenant-général ; Pierre Lemaire, lieutenant particulier au dit bailliage ; Simon Audren, prévôt ; Jean de Lormes, son lieutenant ; Claude Prévost, avocat ; Esprit de Camet, procureur du roi au dit Étampes ; Me Esprit Hacte, receveur du domaine du dit seigneur ; Me Jean Verrier, greffier du dit baillage ; Me Guillannée de Courlay, notaire et secrétaire du roi, contrôleur de l'audience de la chancellerie de France, établie à Paris, tabellion du dit Étampes par Jean Jannin son principal substitut et commis ; Me Tristan le Charron, élu d'Étampes ; Me Jean le Roux, grenetier du magasin et grenier à sel du dit Étampes ; Me Jean Hamouis, aussi grenetier du dit magasin ; Me Pierre Thibault, procureur du roi ès-élection et magasin d'Étampes ; Me Guillaume David, contrôleur au dit magasin ; Jacques de Lambon, mesureur en icelui ; Jacques Savary, receveur des tailles et aides en icelle élection ; Jean Lamoureux, aussi receveur des tailles en la dite élection ; Gonant Archambaut, contrôleur des dites tailles et aides ; et Ferry, Aleaûme, greffier en la dite élection. »

« A la tête du tiers état, figure le corps municipal composé d'un maire, de six échevins, d'un receveur, d'un contrôleur des deniers communs, d'un greffier.

« Et pour le tiers état, honorables hommes Ferry Alleaume, maire ; le dit de Lambon, Giraut Hacte, Ferry Hüe et Simon de la Lucaziere, échevins de la dite ville ; Cantian Canivet, receveur des deniers communs de la dite ville ; Cantian Pomille, contrôleur des deniers communs d'icelle ville; M⁰ Robert Mazeaux, greffier de la dite ville. Paraissent ensuite les avocats au nombre de dix; les procureurs au nombre de trente-huit. Honorables hommes et sages maîtres Hierosme de Villente, Girard Garnier, Jean le Mercier, Antoine Langlois, Barthélemi Marcial, Claude Paulmier, Pierre le Conte, Pierre le Père, Jean Fargis, et Accurse Cassegrain advocats audit Étampes. M⁰ Gilles Paulmier, Jean Vincent, Étienne Gamberelle, Pierre Chardon, Robert Mazeauche, Jean Parent, Loys Hacte, Jean Guillot, Cantian Chasseculier, Jean Pernet, Jean Cormereau, Étienne Levassor, Jean Janin, Michel Boileau, Guillaume Gibert, Claude Sailland, Jean Lambert, Pierre Lamy, Ives Jobreton, Éloi Moynerie, Abraham Pasquier, Loys Marrublier, Pierre Tibault, Pierre Saureau, Macé Dauvergne, Jean Audren, Ponthus Lesné, Pierre Provensal, Michel Moynet, Jean Laisné, Symphorian Baron, Jacques Pelletier, Lubin Regnard, Gilles Buchon, Claude Segier, Eustache Malvant, Pierre Verdois, et Anthoine Lamy procureurs audit Étampes. Honorables hommes Jean Chaudoux, Philippes Cormereau, Simon le Long, chevaucheur tenant la poste pour le roi à Étampes; Henri le Long, aussi chevaucheur d'écurie. Jacques de Croix, Michel Sinxad, Loys le Long, Claude Godin, Pierre de Gilles, Jean Perrot, Pierre Perrot, Lucas Perrot, Henri Tounard, François Bideaut, Pierre Ponignary, Charles Guetard, Pierre de la Sucarière, Jean Hue, Jacques Brechemier, Guillaume de la Barre, Étienne Baron, Jean Dallier l'aîné, Roland Buisson, Guillaume Godin, Claude des Essarts, Abraham Trouchot, Robert Thibaut, Claude Thibaut, Antoine Guischard, Robert Morin, Philbert de la Folie, Bertheraud Maufroy, Martin Moreau, Jacques Paris, Simon Dupré, Daniel Egal, Jean Houy, Loys Hodoyn, François le Long bourgeois et habitans de la dite ville.

NOTE V.

Sur l'administration municipale d'Etampes.

(Chap. XV, p. 56-57.)

Nous avons mentionné en plusieurs chapitres de ces *Essais* (t. I, chap. VII; t. II, chap. XV), les priviléges concédés par Louis XII aux habitans d'Etampes, le 4 mai 1514. Ces priviléges, qui réglèrent dès lors la constitution municipale de cette ville, lui donnèrent une *maison commune*, un maire, et quatre échevins élus pour quatre ans. Cet état de choses subit dans la suite diverses modifications, que nous avions d'abord espéré pouvoir indiquer par ordre chronologique et successif. Mais les documens que nous avons pu recueillir à ce sujet sont fort incomplets et très confus, tant par suite de la dispersion d'une grande partie des registres de la mairie, qu'à cause des lacunes que présentent ceux mème dont les archives de la ville sont dépositaires. Aussi n'entreprendrons-nous point sur cette matière un travail suivi et détaillé, qui offrirait d'ailleurs un bien mince intérêt, aujourd'hui qu'une administration uniforme régit la France entière. Nous pouvons toutefois tirer de nos recherches les inductions suivantes :

1° Edit du roi de 1677. Le corps de ville, vu la diminution considérable du nombre des habitans, fut réduit à deux échevins.

2° Nouvel édit de 1692 ; créant les offices royaux d'un maire, de deux assesseurs, d'un procureur du roi, d'un substitut, et laissant à la ville deux échevins électifs.

3° 1717. Autre édit portant suppression de tous les offices municipaux. Election rendue à la ville.

4° 1723. Création d'un maire *mi-triennal* aux gages de 378 fr. par an, et de deux échevins, aux gages de 76 fr., sous le titre d'*alternatifs* et *mi-triennaux*, d'un lieutenantdu maire, etc.

5° 1724. Suppression des offices royaux ; l'administration est réduite à deux échevins nommés par la ville, dont l'un prend le titre de syndic.

6° 1727. Retour au système d'élection d'un maire et de deux échevins, par l'assemblée de ville, sous la présidence d'un officier du bailliage.

7 1765. Nouvel édit. Le roi nomme aux places de maire sur la présentation de trois candidats désignés par l'assemblée de la ville.

8° 1772. Rétablissement des maires et des échevins au titre d'offices royaux.

9° 1786. Nouvelle concession de la nomination des maire et échevins à l'assemblée de ville.

10° 1790. A cette époque la ville d'Etampes subit les changemens qu'un nouvel ordre de choses introduisit dans le royaume. Dès lors l'histoire de son organisation administrative se confond dans celle du reste de la France.

On nous saura peut-être gré de présenter ici, à la suite

de ces courtes remarques, une liste chronologique de quelques uns des magistrats municipaux de la ville d'Etampes, à quelque titre qu'ils aient exercé leurs fonctions. Nous regrettons qu'il s'y trouve des lacunes considérables, résultant de celles qu'offrent eux-mêmes les registres de l'Hôtel-de-Ville, dans lesquels nous avons puisé ces documens.

Années.	Noms des magistrats (1).
1503.	Ferry Alleaume.
1504.	Jean Hue.
1505.	Ant. Guichard-Mich. Poinat.
1506.	Robert Lecomte.
1507.	Pierre Branzon-Jean Baudequin.
1508.	Pierre Cunelier.
1509.	Noël Boutet.
1510.	Jean Poignard.
1511.	Jean Parent.
1512.	Jean Paris.
1513.	Cantian Ponville, Houdin-Hacte (2).
1515.	Guill. Texier–Litran Morin.
1516.	Jean Godin.
1517.	Jean Guillotin.
1518.	Jean Boutet.

(1) Les magistrats municipaux d'Etampes, au commencement du 16ᵉ siècle, portaient le nom de Syndics, échevins ou procureurs de la ville.

(2) En 1514. Concession de priviléges communaux par le roi Louis XII (Voir ci-dessus). Procès à cette occasion. La nomination du premier maire en vertu de cette concession, n'eut lieu que vers 1523, par suite de la sentence arbitrale, rendue en faveur de la ville en 1517. (Voir chap. XV, p. 56-57.)

Années.	Noms des magistrats.

1519. Pierre Lelong.

1520. Simon Collin.

1521. Et. Lejeune-Jean Girault.

1523. Jean de Villette, premier *maire*.
Jean Poignard, Mace Baudequin, Jean Guettard et Jean Gironné, échevins.

1536. Simon Audren, *maire*.
Jean Allard, Ant. Paris, Gilles Paulmier, Girault Hacte, échevins.

1539. Jean Guettard, *maire*.
Jean Mazublier, Jean Dantelu, Jean-Guy Laisné, Jacques de la Lucasière, échevins.

1551. Jean Chaudoux, *maire*.
Guillemot de la Lucasière, Jean Hamoys, Claude Godin, Michel Sainxard, échevins.

1555. Ferry Alleaume, *maire*.
Jacques de Lambon, Girault Hacte, Pierre Poignard, échevins.

1558. Philippe Cormereau, *maire*.
Ferry Hue, Simon de la Lucasière, échevins.

1561. Nicolas Mahon, Pierre de Billet, échevins.

1563. Jean Chaudoux, *maire*.
Jean Hue, Pierre de la Lucasière, Cantian Dallier, échevins.

1567. Claude Paulmier, *maire*.
Pierre Forest, Jean Houy, Christophe Chandelier, Jean Traincard, Simon Lelong, Jean Delaunay, Pierre Lamy, Etienne Levassor, échevins.

1573. Simon Delorme, *maire*.
Jean Levassor, Jean Lambert, échevins.

1575. Jean Houy, *maire*.
Jacques Brechenier, J. de la Lucasière, Guettard,

J. Dallier, Guill. Vincent, Cantian Foudrier, échevins.

1583. Etienne Poignard, *maire*.
F. Canivet, P. Ponville, Emery David, Guillaume Desauge, échevins.

1587. Guillaume Vincent, *maire*.
Barth. Chéron, Fr. Chéron, Cl. Hamoys, J. Godin Laisné, échevins.

1591. Thomas Guettard, *maire*.

1595. Claude Hamoys, *maire*.
L. Levassor, A. Hobier, J. Moullé, échevins.

1600. Pierre Ponville, *maire*.
P. Boudeaux, F. Pinot, J. Boutevillain, Michel Lambert, J. Guerton, échevins.

1606. Jean Hersant, *maire*.
P. Lambert, Arthur Lelong, échevins.

1609. Louis Levassor, *maire*.
Ph. Thibault, P. Legendre, J. Guyot l'aîné, Jacques Desauge, échevins.

1613. Jean Hardy, *maire*.
Cantian Charron, Léon Laureault, P. Girard, J. Perrot, échevins.

1619. Pierre Legendre, *maire*.
J. Paris, Cantian Tronchot, P. de Lambon, Isaac Guisenet, échevins.

1623. Simon Chauvin, *maire*.
Michel Plumet, Michel Billet, P. Baron, échevins.

1627. Léon Laurault, *maire*.
Médard Godin, P. Laumosnier, Lambert, échevins.

1632. Pierre Baron, *maire*.
Cl. Poisson, J. Foudrier, P. Guyot, Robert Petit,

Années.   Noms des magistrats.

J. Canivet, P. Boussard, échevins.

1636. Michel Plumet, *maire.*

1637. Pierre Guyot, *maire.*

P. Legendre, J. Hersant, Fr. Pichonnat, échevins.

1641. Gédéon Duplessis, *maire.*

Fr. Rousse, J. Provensal, P. Bredet, Alexandre Charron, P. Laumosnier, échevins.

1646. Jacques Bourdon, *maire.*

Ch. Godin, L. Septier, L. Levassor, Noël Boissière, échevins.

1650. Pierre Baron, *maire.*

Et. Rivet, J. Laumosnier, J. Hochereau, Math. Genest, échevins.

1654. Gabriel Debry, *maire.*

Thibault Morin, J. Levassor, L. Charron, Claude Levassor, échevins.

1659. François César Provensal, *maire.*

J. Vincent, Gédéon Percheron, Fr. Martin, Jean Gabaille, échevins.

1663. Thomas Migault, *maire.*

1664. Sébastien Bredet, *maire.*

J. Rousse, Jean Lesage, Noël Joly, P. Plisson, échevins.

de 1672 à 1676 et de 1676 à 1716.

Sébastien Bredet, Pichonnat, Manet, *maires.*

Julien Guyot de Labarre, Michel Pichonnat, Jean-François Gabaille, Clozier, J. Michel Picart, Ch. Gillet, Nicolas Plisson, Christian Hochereau, échevins. (De 1672 à 1716, il règne une confusion extrême dans les documens incomplets dont nous avons extrait les noms des magistrats cités ci-contre.)

Années.   Noms des magistrats.

1721. Gabriel Pichonnat, *maire* (qualifié dans les délibérations du titre de *maire perpétuel*).

Martin, Lamy, Rousse d'Inville, Laumosnier de Gitonville, échevins.

1722. Marc-Antoine Sergent, échevin.

1723. Louis-Morin Le Roy de Gomberville, *maire ancien* et *mi-triennal.*

Ant. Martin, P. Jabineau, Ant. Hochereau, Pierre Doches, Thomas Petit, Ch. Clozier, échevins; Laumosnier, *lieutenant de maire* ancien et mi-triennal ; Et. Simonneau, P. Martin, échevins alternatifs et mi-triennaux.

1724. Pierre Doches, Ant. Parizot, Laurent François.

1725. Lepetit, échevin.

1727. Le Petit, *maire.*

Fesson et Parizot, échevins.

1735. Le Roy de Gomberville, *maire.*

Louis Brizet, échevin.

1738. Nicolas Baron, Alexis Desforges, échevins.

1739. Louis–Chrétien Hochereau, Jacques–François Voizot, échevins.

1746. Edeline-Jean Gérard, *maire.*

Ant. Pineau et F. Voizot, échevins.

1753. Martin D'Aumont, *maire.*

J.-F. Hochereau, L.-Cl.-Chrétien Hochereau, Michel-Alexis Desforges, échevins.

1755. Claude Bomard Auquetin de la Chapelle, *maire.*

Ph. Delisle, Clozier, échevins.

1757. Charles-Alexandre Sergent, échevin.

1759. Louis-Claude-Chrétien Hochereau, *maire.*

Charles-Alexis Baron, Jean-Marc-Antoine Sergent, Ph. Delisle, échevins.

Années.   Noms des magistrats.

1766. Hochereau, Ph. Poussin, Ch. Chrétien Périer,
      Chazottier, échevins.

1767. Denusières, P. Guetard, Charles Boivin, curé,
      Boncerf, échevins.

1771. Ch. Chrétien Périer, Ph. Poussin, échevins.

1772. Augustin de la Chapelle, *maire.*
      François Venard, Jean-Marc-Antoine Sergent
      l'aîné, échevins.

1774. Jean-Marc-Antoine Sergent, *maire.*
      Baron aîné, J. Hochereau Desgréves, échevins.

1776. Jacques Hochereau Desgréves, *maire.*
      François Venard, Baron, échevins.

1778. Desmollières, Ch. Boivin, prêtre, échevins.

1787. Jacques-Julien-François Picart, *maire.*
      Baron, Hème de Maison-Rouge, Jean Cheva-
      lier, chanoine, Baudry de la Poterie, échevins.

1790. Thomas Petit, *maire.*
      Nombre d'officiers municipaux.

1791. Jacques-Guillaume Simonneau, *maire*, tué dans
      une émeute le 3 mars 1792.

1792. Armand Clartan, *maire.*
      Administration municipale, cantonnale.
      Bouquin du Boulay, président.
      An vii de la république : Boisson, président.
      An viii de la république : Thomas Petit, président.

1800. Charles de Bouraine, *maire.*
      Louis-Marin Venard, Pierre-Louis Bureau,
      adjoints.

1808. Joseph de Romanet, *maire.*
      Venard, Robert, Ant. Poluche, adjoints.

1815. Jean-Gilles Boivin, adjoint.

Mai 1816. Pierre-Louis-Marie de Tullières, *maire.*

Années.   Noms des magistrats.

L. M. Venard, J.-G. Boivin, adjoints.

1821.   Les mêmes.

1824.   Ant. Duverger, adjoint, en remplacement de L.-M. Venard.

1826.   Jean-Gilles Boivin-Chevallier, *maire.*
Druillet, Violette, adjoints.

1830.   Même maire. Louis-Pierre Goupy, adjoint.

1831.   Louis-Narcisse Venard, adjoint.

1834.   Colonel Cresté (François-Charles), *maire.*
Nicolas-Christophe Brichard, adjoint.

1837.   Les mêmes. — Delanoue, avoué, deuxième adjoint.

SOUS-PRÉFETS DE L'ARRONDISSEMENT D'ESTAMPES DEPUIS
LA CRÉATION DE CES ADMINISTRATEURS.

An ix de la république. — Marie-J.-B. Hénin de Longuetoise.

An xiii.   Charles de Bouraine.

1815.   Jamet.

Même année, Charles de Bouraine.

Id.   La Boulinière (décédé en fonctions (1826).

1827.   Desroys du Roure.

1830.   Foye (Isidore), député en 1833.

1832.   Pavée de Vandœuvre (maître des requêtes en 1834).

1834.   Edouard Bocher, auditeur au Conseil d'État, sous-préfet actuel (1837).

TABLE DES MATIÈRES

DU SECOND VOLUME.

Pages.